朝日新書
Asahi Shinsho 989

祖父母の品格

孫を持つすべての人へ

坂東眞理子

JN208950

朝日新聞出版

はじめに

少子高齢化が進んでいます。その中で、孫を持たない高齢者が増えています。子どもがいても結婚していない、結婚していても子どもを持たないライフスタイルが浸透し、孫がいないという「孫レス」という言葉も生まれました。孫がいても同居せず、遠くに住んでいて日常的に会うことはまれという祖父母もたくさんいます。

70代の私の世代は男女ともほとんどが結婚し、二人以上の子どもを持つというのは当たり前でした。しかしその子どもたちが「30歳を超えても結婚しない」「いい人がいないといって結婚しないまま年を取っていく」というのが当たり前になってきました。「ウチだけでなくおタクも」と妙に安心しているのが実情です。

私の出身地の富山県では、広い一戸建てに住んでいる家族が多いのですが、70代の夫婦だけ、あるいはその上の世代と住んでいる例が多く、子どもは進学や就職で親元を離れたままです。「帰ってくればいくらでも子どもの面倒を見られるし、共働きもしやすいのに……」と嘆いても帰ってきません。

その様子を数字で見てみましょう。第1次ベビーブームだった1949年の出生数は269万7千人、1973年の出生数は209万2千人で第2次ベビーブーム世代と呼ばれましたが、第3次ベビーブームは起こらず、2023年の出生数はわずか72万人でした。

出生数が減っているとともに、高齢者、未婚者・非婚者が増えています。現在世帯人数の中で一番多いのは一人世帯で32・9%と約3分の1を占め、夫婦と未婚の子どもで構成する核家族は25・8%、それに対し3世代世帯はわずか3・8%で完全にマイノリティです。実際に孫がいる皆さんも、孫と同居していないという方が多いのではないでしょうか。

こうした孫レス社会の中、祖父母はどのように孫と接したらよいのでしょうか。

一人っ子政策が華やかなりし頃の中国では、孫は〝小皇帝〟といわれ、父方、母方の祖父母、それに両親の6つのポケットからのお金がそそがれるといわれていましたが、日本もその道を歩み始めているようです。

子どもの数は減っても、習い事、学習塾などへの授業料、スマホやｉＰａｄなどのデジタル機器への費用が増え、子ども一人当たりの家計支出は増えています。それを援助している祖父母は多いですが、祖父母ができるのはお金を出すことだけではありません。

私たちが人生で得た経験や知恵を、次の世代に伝えていく必要があります。

子どもたちが人間として豊かに生きる力を育むことは、親だけでなく、祖父母や社会全体の大きな仕事です。

21世紀になってＡＩが発達しても、情報化がさらに進んでも、人間だけができることは多くあります。ＡＩ時代になっていくほど、人間性豊かで人から信頼され、協力される人がますます必要となってきます。

うそをつかない、約束は守る、簡単に諦めない、いじわるをしない、困っている人を助ける、みんなと協力できる、コツコツと努力を続ける。そして、あふれる情報の中から正しく判断する力を持つ。

そうした前向きな子を育てるにはどうすれば良いのでしょうか。祖父母ができることはたくさんあります。たまにしか会えないから何もできないと諦めてはいけません。祖父母が愛情をもって関わることは、孫にとって大事なことです。


子どもが社会人として成長するには常識やマナーやふるまい方を伝える人が必要です。親や教師だけでなく祖父母や周囲の果たす役割は大きいのですが、その重要性が十分に認識されていません。祖父母はマナーやルールだけでなく人間として何が大事か、心をこめて伝えることが大切です。

孫に何を伝えるべきか、そしてどうすれば伝わるのか？　祖父母の役割を果たすためには、本書でお示しする「伝える工夫」を参考にしてください。

また、最近は母親が働くのが一般的になっています。育児休業が明けたら保育所か、子ども園に預けて働けるよう公的制度は整いましたが、病気、休暇、残業、出張への対応はまだまだ不十分です。祖父母が孫の生活圏内に住んでいる場合は、毎日の送り迎えや、熱を出して休まざるを得ないときのサポートなどを担うことで、働く母親の強力な支え手になることができます。可能ならば、自分の孫だけでなく〝タマゴちゃん〟（他人の孫）を高齢者が支える輪が広がっていけばよいと願っています。

この本では実例をご紹介しながら、孫との適切なかかわり方、親世代とのかかわり方を考えてみようと思います。

祖父母の品格

孫を持つすべての人へ

目次

第3章　年齢別・孫との向き合い方

第4章　祖父母の「終活」――次世代に残すべきもの

第1章

祖父母の心得

孫の存在を全面的に肯定する

なんといっても孫との関係において一番重要なこと、基本のキは、孫の存在を全面的に肯定することです。

孫が誕生した時、多くの祖父母は大喜びだったに違いありません。

私もそうでしたが、自分の子どもが生まれた時は、喜びはあるものの、それに伴う責任感や、これからの子育ての苦労を思い、手放しで喜ぶことはできなかった人も多いのではないでしょうか。

それに比べて孫の誕生は純粋にうれしく、ありがたく、神か仏か、何か大いなるものに感謝する気持ちで満たされました。

出産をしてくれた娘にも心から「頑張ったね」「お疲れ様」とねぎらいたい気持ちでした。そして、これから山あり谷ありであろう娘の子育てを全力で応援しなければと思いました。

自分の両親、その親である祖父母、さらにその前の顔も知らぬ先祖たちの命の流れを次の世代、次の次の世代につなぐことができたと想像するような心境になったのは、孫の誕生の少し後です。普段は考えることなく過ごしている「生命の伝達」「命のリレー」の不可思議さに思いをいたすと、厳粛な気持ちになりました。

しかし誕生の際の感激は、日常生活を続ける中で忘れがちです。子どもが育つにつれ、その個性が見えてきて、親や祖父母の甘い期待は裏切られます。落胆することも多いですが、どなたかの川柳に「親の夢つぎつぎ壊して子は育つ」とあるように、子どもは子どもの人生を生きていきます。「それでよいのだ、元気が何より」と祖父母は達観しなければなりません。誕生した時の初心に帰って「元気で育って命をつないでくれた」と感謝しましょう。

よく母親たちも出産の時は「生まれてきてくれてありがとう」という美しい言葉を発します。その時は心からそう思っていても、毎日毎日世話し、泣かれたりぐずられたり、手を焼いているうちにその気持ちは少しずつ忘れていってしまいがちです。人間の子育ては他の動物の何倍も大変で、親だけでは手に余ります。

また、「生まれてきてくれてありがとう」と思っていても、親たちは子どもをちゃんとした社会人に育てる責任、経済的に扶養していかなければならない負担などをしっかり果たすことに疲れます。

子育ては大仕事です。子どもが一人前になるために良い成績をとってほしいし、本気で勉強しろと怒ったり、ゲームやネットに時間をつぶすな、無駄遣いをするな、ちゃんと挨拶しなさいといった指導をしていくことにエネルギーが必要です。栄養のある食事を与え、体を動かし早寝早起きをするよう監督し、ちゃんと歯を磨きお風呂に入り清潔を保つなどの細かい仕事のつみ重ねです。それが子育ての責任を果たすということです。

それに引き換え、祖父母は親より少し余裕があります。少し学校の成績が悪くても、お行儀が悪くても、お菓子ばかり食べて偏食をしていても、「まあ何とかなるもんだ」と長い目で見ることが出来ます。そして子育てに格闘する親たちを助けるのは、祖父母の大きな役割です。

私も若いときは「成功するにはよい大学に進学しなければならない」「能力や容姿が良ければ幸せになれるのに」と思い込んでいましたが、長い人生を生きているうちに、必ずしもそうではないことがわかってきています。それより「明るさ」や「人を傷つけたり騙したりしないこと」、「約束を守る」「協力する」そして「生命力やエネルギーがあること」が、人生ではずっとずっと大事なのです。そうした世代を超えた知恵を伝えるのが、祖父母の役割です。

孫の顔が整っていなくても、背が低くても、スポーツが出来なくても「それでいいのだ」とありのままを受け入れることが大事です。いや受け入れるだけでなく、全面的に肯定することが大事です。

子どもにも個人差があり、生まれつきの能力差、体力差、容貌差、性格差などもあります。それをほかの子と比較したり、批判するのでなく、ありのままのその子を全面的に受け入れるのです。

孫は祖父母の期待通りには育ってくれませんが、期待もしていなかった優しさや思いやりを見せてくれることもあります。期待通りでない性格や才能だったとしても、それをそのまま受け入れる、そのままで愛する。これこそが、祖父母が孫に与えることができる最高の愛です。

祖父母は伝えることを諦めない

孫はこれからの社会を生きていく無限の可能性に満ちているので、人生に残された時間が少なくなっていることを自覚する祖父母にとってはまぶしい存在です。ついつい、孫にはいろんな物を与えたい、お金や資産を残しておきたいと願う祖父母も多くいます。

この30年間、日本人の所得が伸びず親たちの経済力が伸び悩んでいたので、大学の学費を援助する祖父母も多くなっているようです。祖父母が教育費を出すのは良いことだと思いますが、それ以上にやれゲーム機だ、食事だ、洋服だなどと買い与えるのは感心しません。

祖父母だけでなく親も心掛けなければならないのは、「**子どもには釣った魚を与えるより、魚の釣り方を教えること**」です。将来自分で収入を得て食べていくことができる、生活することができる力を、孫に付けさせなければなりません。そのために祖父母が幼い孫の欲しがるものをほいほい与えていてはいけないということは、しっかり心に留めておきましょう。

私は孫にお金や財産のような有形資産を残すのは、孫のやる気、意欲、努力を損なうのでお勧めできないと思っています。それより祖父母が残すべきは、無形資産です。自分が経験から得た知恵、仕事で成し遂げた経験、信頼できる人脈をどう作るかなどは将来孫の人生で役に立つかもしれません。必ず役に立つ保証はありませんが、それで良いのです。

そして何よりも、もっと普遍的な教えを伝えることが重要です。私も孫たちには「人を助けることができる時に助けることは、自分にとって一番幸せなことだよ」、「約束を必ず守るようにするには努力が必要だけれど、信用という大きな利子がつく」、

「自分が一生懸命努力していると、協力してくださる人が現れる。でも、自分がいい加減にしていて助けてくださる人は現れない」、「楽してお金が儲かる仕事なんて世の中にはない」と、自分が若くて浅はかだった時には気が付かなかった経験から得た知恵をぜひ伝えたいと思います。

でも、孫たちにはこうした生活哲学はピンときません。すぐに成功する秘訣を知りたがります。どうしたら異性にモテるか、どうすればテストで良い点がとれるか、職場で認められるにはどうすればよいかといった即効性のあるアドバイスは求めても、こうした「真理」には興味を示しません。それでもがっかりしないで「そのうちにわかるときが来るから馬鹿にしないで聞いておいて」と信じるところを伝えておきましょう。

孫たちに信ずるところを伝えたいと思う一方で、伝えても伝わるとは限らない、わからないまま忘れられるかもしれないと覚悟しておきましょう。**覚悟したうえで諦めないで伝え続ける、これが祖父母の品格です。**

手作りの料理のレシピも、庭仕事のコツも、物の手入れの仕方も、健康にかかわる注意も孫たちにはありがたがられず、「また」と軽んじられるかもしれません。それでも10年、20年経って、「そうだったか」と気が付くときや、「祖母の味が懐かしい」と気が付くときがあるはずです。

すぐに受け入れてくれなくても諦めてしまわないで、「よき知恵」「よき知識」「よき価値」を伝え続けていきましょう。これが大学をはじめすべての教育に共通する覚悟です。

昭和女子大学でも教員たちと「これも伝えたい」「あれも身に付けてほしい」といろいろ工夫して教えていますが、そのすべてが学生たちに届くわけではありません。それでも諦めず、「よき知恵」「よき知識」を伝える努力を続けています。教育とはそうしたものなのです。

サポートの鉄則

娘や息子が一人前の社会人となり、結婚して子どもを持ち、孫の成長に関わることができるのはとても幸せですが、それだけに心得ておくべきことがあります。この心得をおろそかにすると、せっかくの善意が伝わらず、かえって落胆や失意につながります。

まず第1は、親たちの都合を優先することです。こちらの都合に合わせて手伝おうとすると、どれだけ時間やエネルギーを使っても感謝されません。共働きで子育て中の親は自分たちのことで頭がいっぱいなので、相手のことなど考える余裕がありません。まずは祖父母の側が歩み寄るのです。

第2は、過大な犠牲を払わないことです。持続可能な関係を続けるには、無理は禁物です。1、2回なら少し無理しても孫や子どもを助けることができますが、それが続いて自分の生活や仕事が犠牲になると長続きしません。自分の体力の範囲、経済力の範囲でできるだけのことをしましょう。

第3は、孫育てを楽しみ感謝することです。実際に孫の世話をすると体はきついし、時間を取られるし、お金もかかります。それを愚痴っても仕方がありません。自分が好きでやっているんだ、と割り切っておきましょう。決して子どもや孫から感謝されることを期待してはいけません。可能性とエネルギーにみちた次の世代の成長に関われるというのは大きな喜びですから、苦労はあっても楽しみましょう。

そうは言うもののいつもいつも四六時中一緒にいて孫の世話をするのは〝too《トゥー》 much《マッチ》〟です。できれば同居ではなく、スープの冷めない距離、近くに住んでそれぞれ別に生活をしていて必要な時に手伝うというのが理想です。同じマンションや団地で、住まいは別、という選択もあります。

私自身も、娘たちの近くに住んで別居しています。娘に急な仕事が入ったり、子どもの付き添いが必要になって緊急動員されることもありますが、それでも基本的に娘たち家族とは別々に生活し、助けを求められたときにできる範囲で助けるようにしています。孫育ての助けを求められる、助けることができるというのは、こちらが健康で力がある証拠であり、なんてありがたいことだろうと感謝しています。

このほかにも、自分たちの生活態度、進学などの人生設計の価値観を表明はしても、押し付けないようにすることも重要です。古い習慣や伝統は好みの問題なので、いろんな場面でほどよく伝えていきましょう。

そして「不易《ふえき》と流行」を見分けることは、生きていくうえで不可欠です。いつの時代でも人間として大事にしなければならない普遍的なことと、その時々で流行し目新しく魅力的に見えることとを見分ける重要性を伝えるのも、祖父母の役目です。

「言葉の品格」を伝えよう

孫が片言で言葉を話すようになると、かわいくてたまりません。生まれた赤ちゃんがあー、うーとか喃語《なんご》を発し、そのうち赤ちゃん言葉でまんま、うまうま、ブーブー、わんわん、などと表現し、パパ、ママ、ジジ、ババなどと呼びかけるようになると、まさに目の中に入れてもいたくない気持ちになります。

でもその可愛らしさは神様の「期限付き」の贈り物だと覚悟しておきましょう。いつまでも幼く、無邪気でかわいいままでいてほしい、急いで成長しなくてもよいという気持ちは親よりも祖父母のほうが強いかもしれません。しかし子どもは成長しますし、その成長を助けるのが親と周囲の大人の務めです。祖父母もいつまでも幼児の段階にとどめるのではなく、孫がちゃんとした大人、社会人になるのを応援しなければなりません。

人間が社会人として生きていくうえで、一番大事なスキルの一つが言葉です。きちんとした日本語で表現することができ、相手の言葉を理解することができるといった相互のコミュニケーションを成立させるのが社会人の第一歩です。言葉を使うことができるのは人間としての基礎力です。孫にも少しずつ言葉を使うスキルを身に付けさせましょう。


赤ちゃんが意味のない喃語を発し始めた頃には、それを口移しで繰り返したりすると、子どもに音声を発する喜びや、声でのコミュニケーションの感覚を味わわせることができ、言語能力の発達を促進すると言われます。しかしかわいい赤ちゃん言葉も3歳ごろには卒業して、ちゃんとした日本語で話せるように練習させましょう。

孫にいつまでも赤ちゃん言葉で話しかけてはいけません。孫が幼児語で話しかけてきても、ちゃんとした普通の言葉で返すようにしましょう。孫が自分のことを「ぼくちゃん」とか「あーちゃん」とか言っていても呼びかけるときは哲夫君、とか、あきこさんとか名前で呼びかけましょう。それは心理的に自立するうえでの第一歩になります。幼児の頃は「ごはん」と言うだけで十分ですが、4、5歳から小学生になるまでには「ごはんをください」「ごはんが食べたい」と言えるようにしましょう。子どもだからと大目に見て放置していると、大人になっても「メシ、風呂、寝る」などとしか言えない人になってしまいます。

一般に日本人が自分の考えや要望を言葉で表現するのが苦手と言われるのも、子どもの頃からこのような幼児的な表現が受け入れられているからではないでしょうか。子どもの頃から会話によるコミュニケーションを行う機会を多くしなければなりません。単語を並べるだけでなく文章にして語尾まではっきり言う、主語と述語を明確にするなどの習慣は、自分の意思を伝える基本になります。

祖父母も孫が一人前の大人の言葉の使い方を身に付けるように働きかけましょう。それには祖父母自身が正しい日本語で孫と話すことです。

孫が小学生、中学生になると「マジ」とか「やばい」とかその世代の流行の言葉を使いますが、祖父母はそれを真似する必要はありません。否定したり、禁止したりするのではなく、その意味を解説してもらいましょう。自分は折り目正しい日本語、丁寧な日本語で話せば良いのです。また、方言なども恥じる必要はなく、堂々と使いましょう。

いろんな日本語があることを理解し、いろんな世代の人とコミュニケーションできるのが大事なのです。日本語にはきれいな言葉や美しい言い回しがあるのだと知っていること、そして大人ときちんと話せることは、その子にとって無形の財産の一つです。自分の気持ちを伝えるための表現の素材は豊かなほうが良いのです。

自分に丁寧な言葉で話されると、孫も自分が一人前の人間として尊重されていると感じてうれしいはずです。

孫の前では愚痴を言わない

祖父母が心しなければならないのは、絶対に孫の前で人の悪口を言わないことです。悪口は相手を傷つけるだけでなく、言っている当人の品格を卑しくし、聞かされている人の気持ちを暗くします。

身近な自分の家族でもつい悪口というか、「だらしない」といった批判や愚痴を言いそうになりますが、自分の親や兄弟の悪口を聞かされる子どもはうれしい気持ちにはなりません。

「どうして子どもをあんなに怒るんだろう。自分だって失敗をいっぱいしているのに」と孫をかばうつもりで親の批判を言ったつもりでも孫にはうれしくないですし、親に対する敬意をなにがしか減らします。もちろん悪口を言っている祖父母への敬意もなくなります。

ましてや子ども（息子・娘）の配偶者、その両親に対する悪口は、絶対に子どもの前で言ってはいけません。判断力のない子はそれを「おばあちゃんがこう言っていたよ」と当人にそのまま伝える場合もありますし、そうでなくても「こちらのおばあちゃんは、あちらのおばあちゃんが嫌いなんだ」と思ってしまいます。一時の感情に駆られて余計なことを孫に対して言わないように心しましょう。

それよりも、ほかの人に言うと自慢だと思われるような子どもや孫のいいところを見つけて、家族の中でほめるようにしましょう。

家族親類だけでなく、孫の学校の先生、塾や習い事の先生の悪口も言ってはいけません。子どもは教えてもらっている先生を尊敬してその教えに従わないと、なにごとも上達しません。祖父母から見て今一つ頼りないと思う若い先生でも「教え方を工夫しているね」、「一生懸命だね」、「明るくていいね」と良いところを見つけて孫に伝えましょう。

もちろん祖父母もまだまだ未熟な人間です。腹も立てば、落ち込むこともあります。悪口を言いたい気持ちになるときもあります。でもそうしたありのままの自分は孫の前ではできるだけ出さず、経験豊かで優しい、寛容で知恵のある年長者としてふるまいましょう。「本当の自分」とは異なる、立派な祖父母という役割を演じるのが、品格ある祖父母なのです。

孫の友達の批判、その親の批判も控えないと、子どもの心を傷つけます。悪いことをする友達（いじめをする、約束を守らない、嘘をつく、孫を馬鹿にする）と付き合っている場合は、悪い子と付き合うなと抽象的に言うのではなく、いじめや嘘など具体的な悪いことがあった際に、その行動に対して注意を促すようにしましょう。

服装が悪い、口の利き方がぞんざいである、態度が荒々しいなどという点は目をつむる。むしろその子のどこが良いのか、魅力的なのか、聞いてみる。孫の友達の親の国籍や職業、経済状態についてあれこれ批判するのはアウトです。

孫が親と対立したり喧嘩したりしていたら、「親はこういうつもりでアドバイスしているのだよ」「言い方が悪かったけれどお前にとって良かれと思って言っているのだから」と仲裁し、互いの良い意図を伝えるのが祖父母の役割です。

孫が友達と一緒になって先生の悪口を言っていたら理由を聞いて、思い込みを解きほぐし、別の見方を示す。一方的に物事を決めつけるのではなく、弁護して別の観点を示す。それが年の功というものです。

子どもや孫が感情的になっていたら、「腹が立ってたまらないときは深呼吸を3回してから話す」「忙しがっているときが一番人生が充実しているとき」など、自分の経験から得た知恵を伝えましょう。

何よりも祖父母は、孫を「人好き」に育てるようにすべきだと私は信じています。周りの人は完全ではありませんから、欠点や短所を数えて切り捨てるべきではありません。周りの人の良いところを見つけ、好きになる、好きな人を増やす、そういう習慣が必要なのです。それが人間としてＡＩ時代にも幸福に生きる鍵になると私は信じています。

ほめる力を磨く

相手を全面的に受け入れ、どれだけ愛していても、それを表現しなければ相手には伝わりません。これだけ一生懸命愛しているのだから相手もわかっているはずだということはあり得ません。孫に対しても同じです。

祖父母が愛を表現するにはどうすればよいでしょうか。

もちろん「愛しているよ」とか「大好きだよ」「かわいいね」などとストレートに言うことも大事ですし、ハグするような身体接触も有効です。嘘偽りのない自分の愛情を率直に表現しましょう。

祖父母が孫を全面的に受け入れていることを伝えるには、何よりも言葉で孫をほめることです。ほめられれば孫はうれしいだけでなく、自分の長所を自覚し、自分に自信を持ち、自己肯定感を高めることが出来ます。

しかしほめるのは意外と難しいのです。誰でも心にもない上っ面だけのお世辞を言われてもうれしくありません。誰でも知っている出身校（在学校）や肩書きをほめられても、それに対して心は動かされません。それは子どもも同じです。

ほめられてうれしいのはどういう時でしょうか。自分でも気が付いていない自分のいいところを見つけてほめてくれる。努力している行動を見つけてほめてくれる。そして自分はよいと思っていてもほかの人から評価されていなくて自信が持てない部分をほめてくれるような場合です。ほめるためには相手をよく見ていなければなりません。

たとえば、私の孫の一人は笑顔が少ないのですが、笑うととても華やかで魅力的です。「笑顔がいいよ」「わあ素敵」とほめていたら、笑顔が増えてきたような気がします。

また別の孫は、手仕事が好きでいろんな布仕事をします。親からは勉強や受験に役立たない時間つぶしと思われていますが、上手に作ったものをほめると、とても喜んで、かわいいプレゼントを作ってくれました。

学校や親は成績や勉強、スポーツがよくできるとほめてくれますが、それ以外の分野で頑張ってもなかなか評価してくれないかもしれません。祖父母は孫のどんな頑張りもほめてあげましょう。絵や工作などの作品も大事にして、家にしばらく飾ってあげることなども、祖父母の愛情表現です。

それ以外にも、ウソを言わない、約束を守った、困っている友達を助けた、前向きな発言をしたなど、人間として大事な行動をしたら、見逃さず、しっかり評価し、ほめてあげましょう。

言葉でほめることによって、そうした行動、特性は大事なことだというメッセージが伝わり、それを伸ばしていく姿勢につながるのです。

支える人を支える
――おばあちゃん仮説――

子育てで一番大変な思いをしているのは誰でしょうか。やはり親の責任が重く、特に母親は疲れています。令和の今日でも、自分の身に代えてもこの子を一人前の大人に育てるのだと強い責任感を持って全身全霊で育児をしている母親が多数います。

現在は時代も変わりつつあり、子育てに関わる父親も増えてきましたが、まだまだ父親は「仕事」のために家を離れている時間が長い傾向があり、多くの母親は自分ひとりで毎日毎日子育てに奮闘しています。

しかも子どもは想定外のことばかりしでかします。ケガをした、風邪を引いた、熱を出した、もどした、下痢をした、機嫌を損ねてぐずる。思うようにならないことの連続です。子どもに振り回されて自分のすべきことができない、世の中から置いていかれる、という焦燥感にもさいなまれます。ほかの母親はもっとうまくやっているのに自分はダメだ、などと劣等感を抱いてしまうこともあります。こうした母親だけが育児を抱え込む、いわゆるワンオペ子育ては核家族化、都市化が進んだこの半世紀ほどの現象です。

人間の子育ては、他の哺乳類よりずっと大仕事です。「おばあちゃん仮説」という説があります。この説によれば、ヒトのメスは閉経し子どもを産まなくなっても長生きし、若いメスの子育てを応援する。そのおかげで若いメスは子どもを多く産めるようになり、生存率も高めることができたという説です。それに加え、世代を超えて情報を伝達し、知恵を伝えることによって、文化を生み出してきました。現代では女性に限らず、男性も長寿になっています。長寿になった祖父母が文化を伝える存在であり、人類繁栄の鍵だということです。

人類史の長い長い期間においては、子育ては母親だけでなく大家族や親族共同体の皆が分担し、手伝う仕事でした。祖父母、叔父叔母、年上の子ども、いとこなどが身近な子育てチームで、母親の周りに人手はたくさんありました。

現代の祖父母の一番の役割は、子育てで疲弊している親たち、特に母親を支えることです。人手を提供して自分の時間を持てるようにする、悩みや心配に寄り添い視点を変える知恵を提供する、そして経済的支えです。「口出ししない」「余計なことをしないのが今どきの祖父母」などと思いこまないことです。それはアメリカの祖父母の在り方で、グローバルスタンダードではありません。

まずは母親が疲れているとき、イライラしているとき、ちょっと子どもを預かりましょう。赤ちゃんに大泣きされて母親のほうが泣きたい気持ちになっているとき、「ゆっくり眠りなさい」と赤ちゃんを自分の部屋に連れていく。子どもがいうことを聞かず、親の声がとがってトーンが高くなっているときは、子どもを外に連れ出して冷却する時間を持つ。夕食の支度や後片付けをする、掃除や役所の手続きを代わりにやってあげる、そうした些細な手助けが、母親の孤立した子育てに余裕を与えます。

そして母親が一人で過ごす時間――本を読んだり、買い物したり、友達とおしゃべりしたりする時間――をプレゼントするのです。いつもいつも「やらなければならないこと」に追われている状態から解放されると、母親の心がよみがえります。働いている母親に一週間に一日か二日、「ゆっくり帰ってきていいよ」とくつろぐ時間をプレゼントするのも良いと思います。

「時間をプレゼント」は目に見える支えですが、母親の心配を「言葉の贈り物」で軽減させてあげることも重要です。母親の心配は無限にあります。

同じ月齢の子は、もう歩くのに。歯が生えたのに。卒乳したのに。ひらがなを覚えたのに。自転車に乗れるようになったのに。うちの子はまだだ。他の子と比べて自分の子は遅れているのではないか、ちゃんと成長していくのだろうかと悩んでいます。

祖父母の役割は、そうした心配を言い立てて母親を不安にすることではありません。どうしてうちの子は遅いのだろうとくよくよしている母親に「大丈夫、大丈夫」と安心させてあげることです。

本当に問題が深刻で対処を必要とするならば一緒に心配し対策をとらねばなりませ

んが、多くの場合、「不安」程度です。でも小児科医や保健師さんのような専門家から、大きな病気の兆候かもしれない、これこれをしなければ、子どもの性格がゆがむ、引きこもりになる、正常な発達が阻害される可能性がある、などと脅かされると、可能性が5％10％でも不安は高まります。

祖父母はそんな不安を笑い飛ばしましょう。「私も5歳ごろまでお乳を飲んでいたけど別に普通に育ったでしょう」、「2歳すぎまで歩かなくて親を心配させた従妹のKちゃんは今はバレーの選手よ」などと、年の功でいろんな実例があることを示してあげましょう。

そしてお金です。祖父母は賢くお金を使わなければなりません。

老後のためには倹約し貯蓄しなければ、と考えている祖父母が多いかもしれませんが、そこは楽観的に考えましょう。20年先の備えより、今の子育て支援のほうが効果的なお金の使い方です。子どもに安易におこづかいを渡すのは教育上問題ですが、親にお金を渡すのは良いと思います。

子育てに励む親をねぎらう形で、たまには高価な食べ物やちょっとしたアクセサリーなどをプレゼントするのも、ありです。

どうもアフタースクールの月謝など基本的な必要経費を継続的に払ってあげるより、こうしたギフトのほうが、母親を元気づけるようです。ふるさと納税でお取り寄せの名産品をあげるのもよいかもしれません。

また、親だけでなく、小学校の教師や保育士さんなど、子どもに関わり支えている仕事をしている人たちを応援しましょう。批判するのではなく、「いつもありがとうございます」「(あなたのおかげで)この子にこんないいことがあったんですよ」と感謝の気持ちを伝えるのです。

子どもを支える仕事が「ブラック」などではなく、感謝される良い仕事だと思われるようになれば、良い人材も入りやすく、社会の教育水準が上がっていくと思います。

共働きを応援する

団塊の世代が子育てをした頃は、父親は企業戦士として仕事に全力投球し、育児も教育も家事も介護もすべて母親が引き受けていました。しかし男女雇用機会均等法、育児休業法が制定され、女性が出産後も継続就業ができるように育児休業制度や保育所が徐々に整備されていきました。21世紀も4分の1が過ぎようとしている現在、子どもを持っても働いている女性は増える一方です。

しかし、いくら保育所に入所していても、幼い子どもに病気はつきものです。本人が発熱腹痛で休まざるを得ないこともあれば、インフルエンザなどの流行で保育所が閉鎖されることもあります。その時にだれに一時保育を頼むかは、両親にとって喫緊《きっきん》の課題です。ベビーシッターサービスもありますが、緊急の時にはすぐに対応できない場合もあります。前項でも触れましたが、そんなときにやはり頼りになるのは祖父母です。

私も育児でどうにもならないときは、母に故郷から夜行列車で東京に出てきてもらい、育児を助けてもらいました。父が亡くなってからはほとんどの期間同居してくれましたが、そのおかげでもう一人の娘を持ち、育てることが出来ました。当時の職場の同僚からは、母が来てくれると表情が柔らかくなると言われました。

一人で何もかも背負い込んでいた頃は自分では気が付きませんでしたが、切羽詰まった顔をしていたようです。キャリアを続けている友人たちの多くも、実家のそばのマンションに住んだり、姑と同居したりして育児期間を乗り切りました。

子どもが成長し、保育所から小学校へ通うようになると、育児休業法で可能になった短時間勤務は出来なくなります。病気は少なくなりますが、学校は早く終業するので親が帰宅するまでをどう過ごすかが大きな課題になります。学習塾、学童保育（ア

フタースクール）などを総動員して対応するにしても、職場で責任のあるポストにつ
いていれば出張や残業なども増えてきます。
また、授業参観、運動会、学芸会（発表会）など親が出席することを想定している
平日昼間の学校行事も目白押しですが、とても母親だけでは対応できません。最近は
父親が少し関わるようになったのは良いことです。それでも勤務時間の裁量ができな
い雇用者の場合、年休を取っても対応しきれないことも多いですし、自営業や自由業
でもクライアントの理解がいつも得られるとは限りません。どうしても都合がつかな
いときに頼める相手、祖父母がいるというのは気持ちのゆとりをもたらします。
最近は1世代前と異なり若い父親が育児をシェアするようになってはいますが、ま
だまだ十分ではありません。例えば認可保育園「昭和ナースリー」の朝の送りは父親
が9割方を占めていますが、夕方のお迎えは母親が過半数で、買い物、食事の支度も
母親がこなしているケースが多そうです。
欧米の中でも、親や親類と別れて新天地に移住してきたアメリカ、カナダ、オース
トラリアなどのアングロサクソン系の国では自立が強調されることもあって、親に頼

らない子育てが良しとされています。ベビーシッターなどのサービスを購入して乗り切る家庭が多いですが、夫たちがかなり子育てを分担しています。

一方で、イタリア、ベルギーなど家族の結びつきが強いカトリック系の国々では、祖父母が子育てにおいて大活躍していました。アジアの国々でも祖父母や兄弟、叔父叔母など、親類が子育てを支えてくれる社会がたくさんあります。母親だけの育児では無理が生じてしまうのです。

もともと日本は妻の里帰り出産のように、子育てを妻の実家がサポートする伝統がありましたが、令和の今日ではワーキングマザーの力強いサポート役は祖父母です。高度経済成長の前までは夫の家にお嫁入りする結婚が多数でしたが、令和の今日、東京のような大都会では妻の実家に同居したり、2世帯住宅にしたり、近くのマンションに住んだりと多様化しています。

現代の都市生活でも、子どもの送り迎えや学校行事への参加、料理やいただき物のお裾分けなど、娘の家族とは頻繁な交流が行われています。それに対し、息子の家族との交流は同居している場合は別ですが、比較的あっさりとしているようです。地方でも、妻の実家の近くに住む例が増えています。

そうは言っても、娘の親が孫育てをサポートしようと張り切っていたのに娘が「自分で育てたいから」と退職してしまったというケースもありますし、結婚しても仕事を続けたいからと当分出産する気はないケースもあります。思うようにはいきません。

いくら娘がいても、祖父母が常に孫と関われるわけではありません。孫と関わりたい親は娘をしっかり育て、キャリアと家庭を持つ価値観を共有することが不可欠です。まちがっても「女性の幸福は仕事をしないで良い家庭を作ること」などと言わないことです。そして息子が仕事を持つ女性と結婚したら大歓迎し、孫が生まれたらいつでも手伝うよと言っておくことです。

同居か別居か：距離感を調整する

これからの日本では高齢者が増えるだけでなく、一人暮らしの高齢者が増えていきます。東京とその周辺の県は、２０５０年までに一人暮らしの高齢者が6割以上増えるだろうと予測されています。祖父母、親、子ども、あるいはその子も含めて3世代以上で住んでいる家族は10％以下です。子どもたちの進学先や勤務先が親の住んでいるところと異なるというのは１９６０、70年代に地方から多くの若者が大都市へ移動した時期に急激に増えましたが、その移動が収まっても結婚した子どもは親と別れて住むのが当たり前になりました。

都会ではマンションなどの集合住宅で同居するにはスペースが狭すぎて別居せざる

を得ませんが、広い家に住んでいる地方でも、別居が当たり前になりつつあります。

それに伴って価値観も変わってきました。1980年代頃までは高齢者は家族と共に住むのが幸せだと考えられていたものですが、今は「子どもが結婚すれば別居するのが当然」といったように、日本人のライフスタイルにまつわる価値観が大きく変わりました。

それでも、結婚当初は別居していても、子どもが生まれると子育てを助けてもらうために同居、あるいは近くに住む親子も多いようですが、その数は正確には把握されていません。

20世紀の終わり頃から東京などの地価が高くなって子どもたちが住宅を取得するのが難しくなると、親の家を2世帯住宅として建て替え、トイレやキッチンなど生活のスペースは別にしながら同居する家族も見られました。あるいは親世帯と子ども世帯が同じマンションの別の区画に住む、親の家の近くのマンションに子どもたちが住むというケースも増えました。日本でもこうした同居と別居の間の「近居」がこれからの親世帯、子世帯の基本になっていくのではないでしょうか。

祖父母と子ども世帯が同居していれば、日常的に孫育てに関わります。口で言わなくても生活習慣は同居していると次の世代へ伝わります。祖父母の体力が衰えてくると、子どもや孫が祖父母の生活を支えたり世話をすることも可能です。

そうは言うものの、いつもいつも四六時中一緒にいるのはどちらにとっても負担になります。親世代と祖父母世代とでは、生活習慣が違います。少し距離を置いたほうがお互いに心安らかです。

「見ぬものきよし」という言葉があります。見なければ気にならない、知らなければそのまま過ぎてしまう。でもそばにいると、嫌でも欠点や不都合なことが目に付き、心が波立つことを表した言葉です。

遅寝遅起きの生活習慣、水や電気の使い方、あいさつの習慣、掃除の仕方、物の置き方など、些細なことでも生活が密着していると不愉快な思いをすることもあります。できれば同居ではなく、別に暮らし、必要な時には交流できる。いわゆるスープの冷めない距離、近くに住んでそれぞれ別に生活をしていて必要な時に手伝う、会いたいときに会うというのが現実的ではないかと思います。祖父母が健康を害し、サポートが必要になった時も、近居する子どもは大きな支えになります。

子どもの年齢や、息子か娘かなどによって交流の密度は違ってきます。一般に、娘の場合は家事や子育ての責任を担うことがまだ多いので、自分の父母、とりわけ母親の援助を必要として、妻の両親の近くに住むケースが多いようです。とりわけ娘が本格的に仕事をしている場合は、父母の助けを必要とします。

私自身も娘たちは近くに住んで別居しています。娘に急な仕事が入ったり、子どもの風邪などで付き添いが必要になったりして緊急動員されることもありますが、子どもたちが成長するとその頻度は減りました。基本的に娘たち家族とは別々に生活し、私に会食や出張の予定が入っていない時は、週に何回か私が夕食を作って日常的に子どもたちと自宅で食事をします。

この程度の手伝いは私には負担になりませんし、娘にとっても少しは息抜きとして助けになっているのではないかと思います。お互いに健康で孫育ての助けを求められる、助けることが出来るというのは、何てありがたいことだろうと感謝しています。

しかし家族によって事情は異なりますので、ワンパターンではありません。お互いが納得できるスタイルを作り上げるのが、新しい高齢社会における祖父母の課題です。

祖父母よ誇りを持とう

中高年、祖父母の世代に残された年月は若い世代と比べて必然的に少なくなります。そのせいか、高齢者は衰えて消えていく存在と周りから軽視されがちなのではないかと感じます。それにひきかえ若い孫世代は、夢と希望にあふれているように見えます。そうした若い世代と関わり合うだけでもありがたく思えと言われそうです。

日本は年齢差別とは言わないまでも、若者に好意、高齢者を軽視という社会的ムードがあります。年功序列的昇進や昇給に対する反感も影響しているのかもしれませんが、若いほうが新しい環境やテクノロジーに対して適応力がある、これからの社会は若者が担う、年寄りは余計なことを言わずおとなしくしていろ、という考えを持つ人が少なからずいます。しかし長い歴史で見ると、豊かな社会は人の寿命を伸ばし、長寿者が知恵や情報を世代を超えて共有し、発展してきました。

祖父母の世代に比べ豊かになった孫世代は、スイミングなどのスポーツ、ピアノやバイオリンのような習い事をしている子どもが多く、大学進学率も55％と、子どもへの教育投資はしっかり行われています。知識やスキルを身に付けている子どもが増えているのは確かです。しかし一方で、問題行動を起こす子どもや、登校拒否や引きこもりの青少年も増えています。教育投資の金額の増加に見合う成果が上がっていないように思われてなりません。

特別の支援を必要とする子どもだけでなく、普通の若い世代も変化しています。私が危機感を持っているのは、日本人の美質と思われていた勤勉・正直・努力・忍耐・誠実・倹約・孝行・礼儀などの基本的な道徳が、尊重されなくなっていることです。これは日本だけの現象ではなく、欧米先進国、あるいは急速に豊かになった中国でも見られる現象です。

短期的な利益や、お金などの物質的な報酬を追い求める若者、苦労や努力をしたくない若者、自分だけがうまくいくことを願う若者も増えているように感じます。単純な欲望をコントロールする知性を持たず、SNSの情報をそのままうのみにしたり、闇バイトにひっかかる若者の多さに、「楽してお金儲け」をしたいと願い、できると信じていることに驚かされています。

こう言うと、人類始まって以来大人たちは「最近の若い者はなっていない」と嘆き続けてきたと言われそうです。だからと言って、心配無用と黙って見過ごしていて良いのでしょうか。

日本においてはこの2世代の間に急激に豊かになり、便利になり、国際化、情報化が進んで人々の暮らしが変化していることが価値観の変化をもたらしています。少なくとも「日本人だから、勤勉をはじめとする美質の遺伝子がある」ということはあり得ないのです。

こうした特性は生まれつきで自然に備わっているのではなく、幼い頃から家族や親類、学校やマスコミ、そして社会から、いろんな機会にいろんな形で伝えられてきたからです。生物的遺伝子ではなく、「社会的遺伝子」として受け継がれてきたのです。こうした社会的遺伝子は、多くの人が折に触れ伝えようと努力して、初めて伝わるものです。若い日本人に、こうした社会的遺伝子とも言うべき価値観や道徳がうまく伝わっていないのではないかと、不安に思います。戦前までの日本では家族や学校だけでなく、親類の人や近所の人も、子どもたちをまともに育てることに協力してきたのですが、その人の輪が無くなりつつあります。

子どもの自主性を尊重する中で、大人が「道徳」を教えることは押しつけになってしまわないかと気にする人もいます。そうした中で、子どもたちに「道徳」を伝える人は少なくなっています。親たち自身も前の世代から十分に伝えられていないため、若い世代にも十分伝えることができないのです。

親たちより長い人生を生きた祖父母は、曲がりなりにも勤勉、正直、努力、忍耐、誠実の価値を伝えられており、自分自身の人生経験から、単なる題目ではなく人生に重要な価値だと認識しているはずです。

一方で、多くの祖父母は「子どもや孫にこんな当たり前のことは言わなくても、成長すればわかるだろう」、「自分が偉そうにお説教をしても古いと反発されるだけ」と、伝えるのを諦めてしまっているのではないでしょうか。

どれだけ当たり前のことでも、言わなければ伝わらないのです。祖父母はもっと自信と誇りをもって、「いまの若者」の一人である孫に向かって、自分の経験から得た信念や知恵を伝えなければならないと思います。それが高齢者の責務です。

「何事も怠けていてはいけない、勉強だけでなく、掃除でも料理でも手を抜かず一生懸命に取り組まなければダメだよ」、「人間関係でも世話されるだけではダメだよ。自分からお返しをしたりお礼をしなければ関係は途切れてしまう」、「正直が一番。嘘は必ずばれる」。「好きなことをするだけでなく、社会の役に立つことをしなければならない」など、伝えられることは多いはずです。それを伝えるのは親だけの責任でなく、私たちの責任です。

こんなことを言うと、孫から「当たり前」「今更言われなくてもわかっているよ」

と嫌がられるかもしれませんが、「自分が信じること」を、ひるまずに言う勇気を持たなければならないのです。

自分が良しと思う道徳はもう古臭いのだ、若い人には不要だ、などと卑下するのではなく、誇りをもってどんな時代になっても重要な不易の価値であると発言しなければならないと思います。

現在の流行に流されない不易の価値を次の世代に伝えるために、人々はさまざまな工夫をしてきました。それに成功した家族・集団・社会だけが生き延びてきたのです。先述の「おばあちゃん仮説」で見てきたように、高齢者は世代を超えた知恵を伝えてきました。21世紀、これからの時代を生きる孫たちに伝えたい「不易の価値」は何なのか、よく考えたいものです。

コラム　海外の祖父母は

日本から海外に目を転じてみましょう。ほかの国と比較すると日本の特徴が明らかになります。

日本は外国というとすぐアメリカを思い浮かべます。アメリカは、日本と政治的にも経済的にも結びつきが強いだけでなく、ライフスタイルや映画、音楽など日常生活のレベルまで強い発信力を持ち影響が大きい国です。しかし他の分野と同じく家族の在り方に関してもかなり特異な国で、アメリカンスタンダードはグローバルスタンダードではありません。

アメリカはよく知られているように、イギリスから逃れて建国したプロテスタントのアングロサクソンの人たち（WASP）を核に、ヨーロッパ、アフリカ、アジアなど様々な国や地域から移住した人たちで成り立った国です。WASPの人たちをはじめ、移民は基本的に祖先の地を離れ、見知らぬ土地に移住して自力で生き抜いてきた人々です。独立を重んじ、親や家族に頼らないのが「あるべき姿」と期待されます。

子どもたちも個室で寝かせ、幼い時から自立できるように育てます。18歳になると基本的に親の家を離れ、大学の寮や自分でアパートを借りて住みます。

ヨーロッパからの移民でもカトリックの国から来た人、東欧から来た人はそれぞれ異なる文化と家族の在り方を保っています。奴隷として連れてこられたアフリカ系の人たち、迫害から逃れてきたユダヤ系の人たち、アジアから移住してきた人たち、イスラムの人たちはすべて異なる文化を持っておりWASPの人たちより家族とのつながりは強く見られます。それでもアメリカ社会の基本はWASPの自立重視の価値観です。

WASPの価値観では、祖父母は年を取っても子どもたちと同居しないで〝自分の家の鍵を持つ〟生活をするのを良しとしていました。私は80年代にアメリカで生活し、日本では「高齢者は子どもたちと同居するのが幸せで、子どもと同居できない高齢者は気の毒、かわいそう」と思われていた時期に、アメリカの高齢者の独立志向を見てとても感心しました。

子どもの世話は祖父母や親族ではなく両親（父親も増えてきていましたが当時は母親が中心でした）が担当していました。母親の就労が増えてきても子どもを育てるのは親の権利であり、義務でもあるという考えから公立の保育園はほとんど整備されておらず、料金の高いベビーシッターや私立の保育園でカバーされています。男性たちも育児や家事を分担します。

もちろん、所得が低く私立の保育園やベビーシッターに頼めない家庭では、祖母など親族に育児を分担してもらっているのですが、基本は自分たちでセルフヘルプです。カナダやオーストラリアなどイギリスの影響を強く受けている国は、程度は違いますがこの傾向があります。

北欧を中心とするプロテスタントの国々は、公的な保育や介護が充実しています。アメリカと北欧の国々は国家の関与の度合いが大きく異なるので対照的だとみなされることが多いのですが、祖父母などの親族に頼らず、両親が中心となって子どもを育てるべきという基本のところは共通しています。両親を助けるのが国の福祉か、市場からのサービスかという違いです。

しかしヨーロッパでもカトリックの影響の強い国々では様相が違います。イタリアなどでは家族の結びつきが強く、祖父母との同居は減ってきているものの、できるだけ近くに住んで、日常の交流も盛んです。結婚していても親の家に時々集まり、孫の育児を祖父母が手伝うという風習が残っています。

カトリックの国々でも母親の就労は普通になっているので、子どもたちの学校の送り迎えも祖父母が担当しているのは珍しくありません。平均寿命が短かった中世では親が若くして亡くなる場合も多く、たくさんの大人が子どもの成長にかかわったほうが良いという知恵もありました。血のつながらない親しい隣人や友人がゴッドファーザーやゴッドマザーとして子どもの養育の後見人になるような風習も残っています。

これは中近東やアジアのイスラム圏でも共通する傾向です。これらの国はまだ経済的に貧しく社会保障が充実していないためだという事情もありますが、家族や親族の結びつきが強く、助け合いが育児や介護を支えています。祖父母だけでなく叔父、叔母、いとこ、甥、姪なども助け合いの輪に加わっています。育児や介護は親や子どもだけでなく、そうした親族の大きなネットワークで支えられているのです。学校教育の準備として幼稚園は普及し始めましたが、保育所はまだです。

東南アジアの国々は、急激に豊かになる中で家族の在り方も変わり始めています。もともと東南アジアでは高度経済成長以前の日本と同じく女性の労働力の比率が高く、育児には祖父母が大きな役割を果たしていました。ですが経済的に豊かになる中で、シンガポール、台湾などでは公的な保育だけでなく近隣の国からの外国人メイドなどが育児や介護を助けるようになっています。それでも東南アジア全体としては、母親の育児を助けるのは祖父母を中心に叔父叔母、いとこなどです。親族のネットワークが、強いサポートの役割を果たしています。

中国は共産主義の中華人民共和国になってから男性も女性も働くのが当たり前となり、公的な保育所も急速に整備されました。祖父母の果たす役割も大きく、保育所からの送り迎え、病気の時の預かりなどは男性55歳、女性50歳で早期退職した祖父母が分担しています。

一部ですが、大都市での豊かな家庭では、農村地区出身者の子守りも利用しています。また最近では教育程度も所得も高い都市住民の中で、「子どもの教育は教育程度の低い祖父母には任せておけない」などと、母親が退職し主婦になって子どもの教育に力を注ぐという現象も現れていますが、まだまだ少数派です。大多数は公的な保育所と両親、祖父母が力を合わせて育児を分担しています。

世界全体を見ると、アメリカや北欧のように両親が親族の助けを受けないで育児をするという在り方は少数派で、多くの地域や国では祖父母や親族が大きな役割を果たしています。女性の労働率が高まるほど親族の育児サポートは大きな役割を果たすようになっています。

一方、進学率が上がり、若い世代ほど学歴が高くなり、子どもたちに高い教育を与えるのが親の義務という風潮が強くなる中で、祖父母に育児を頼っていてはいけないと考える両親がアジアでも増えているようで、今後の動向が注目されます。

第2章

孫に伝えるべきもの

仕事と人生を語る

孫たちには、自分の人生を語りましょう。

その中の数々のエピソード、たとえば子どもの頃はどの家にも子どもがいて、夕方暗くなるまで遊んだこと。朝はかまどでご飯を炊いたこと、食事は焼き魚や煮魚が多く、ハンバーグはなかったこと。普段の服は手編みのセーターや母がミシンで縫ったワンピースだったこと。お祭りやお正月には着物を着たこと。父親や母親から何をどう教えられたか、どんな悲しいことがあったか、どんなうれしいことがあったか、思い出を話しましょう。人生の幸福は、味わった感情の積み重ねで計られます。

その中で、貧しくても不便でも助け合い、一生懸命努力したことを伝えましょう。

昔のことを言っても孫たちには興味がないだろうと話してもムダと思い込んでいる祖父母が多いのですが、そんなことはありません。もちろん子どもが幼児の頃、小学生の頃、中学生の頃、と興味を示す対象は変化してきますし、思春期などの時期は期待するほど興味を持たない場合もありますが、それでも祖父母の話は記憶の片隅に残ります。

もっと成長して30代、40代になってくると、祖父母の話は貴重な情報だったなということがわかってきます。人生を重ねると、祖父母の人生から得た情報が自分の考え方や価値観を組み立てる素材の一つになることも多いのです。

生活の記憶だけでなく、孫に対して、自分の人生を誇りをもって語りましょう。自慢するほどの人生ではなかった、大したことのない平凡な仕事人生だった、別に誇れることも成し遂げなかったなどと卑下して自分の人生を否定してはいけません。それぞれの場で幸福を求め、いろんな思いを持ちながら精一杯に生きてきたのです。教訓や説教ではなく、誇りと愛情をもって自分のエピソードを語るのです。

もちろん語りたくないことは話す必要はありません。しかし人から助けられたこと、自分が頑張ったこと、努力による成功体験などを伝えましょう。子どもに自己肯定感を持ってほしいと思うなら、まずは自分の人生を肯定し、ポジティブに表現しましょう。


今の自分の生きている世界がすべてではないのだ、と孫にわかるだけでもよいのです。

親の話より祖父母の話のほうが珍しいはずです。私の母は昔話をよくする人だったので、水橋という母の育った海辺の町の暮らしぶり、たとえば豆腐や納豆の行商人が家まで来たことや、近所の魚屋さんに注文しておけば食事の時間に刺身や焼き魚が届いたといったことなど、こまごまと聞いていました。母の父がどんな仕事をしていたかや、母の母の実家が里帰りしたらとても歓迎してくれて夏休み中滞在したことなど、切れ切れに覚えています。

それがどうした、何の役に立ったかと言われるとそれまでですが、前の世代が異なる環境で精一杯生きてきたのだと知れることや、母、祖父母の命の流れが自分にまで続いているという感覚は悪くはないです。私の母は、孫娘たちに自分史を繰り返し語っていました。

年を重ねると自分史を書こうと考える人もいるのですが、まずは身近な孫たちに自分史を語りましょう。自分の生きた証とまでは言いませんが、体験を伝えるのです。祖父母にも幼い時があって、子どもの頃、若い頃を経て、年を取るまでいろんな人生を経験しているのだと共感してくれるかもしれません。

仕事も土曜日は午前中働いていたのが週休2日になった時は本当にうれしかったとか、パソコンもインターネットもない時代は電話の受け答えやメモ取りがとても重要だったんだよとか、当時は当たり前だったことも今では珍しいはずです。転職したり、再就職したりした思い出や、どんな仕事をしていたか、何が得意で何が不得意だったかなど、話せることはたくさんあるはずです。若い時には気が付かなかったけれど、後からわかった大事なこともあると思います。

原爆や大震災の被害者が「語り部」として経験を語り継ぐ活動をしておられますが、私たちも自分の記憶遺産を大事にしましょう。

子どもに我慢を教える

祖父母は孫を甘やかすので、「おばあちゃん子は三文安い」という言葉があります。親の方針として、子どもが欲しがるモノは誕生日や特別の日だけにあげると決めていて、子どもから要求されても買い与えない。それなのに祖父母は子どもからねだられると「いいよ、いいよ」と欲しがるままに買い与えてしまうと嘆く親がたくさんいます。

子どもは欲しがるものを買ってあげるととても喜びます。高価でないお菓子やおもちゃも子どもが大喜びしてくれると、買い与えた祖父母も幸せになります。

しかし、これは子どもの人間形成にとっては良くないことだというのが私自身の考えです。子どもが将来生きていくうえでは、欲しいと思ったものもすぐには手に入らない、欲しいものを手に入れるには努力や準備が必要だという経験を持たなければならないと私は信じています。

欲しいと要求してもすぐに手に入らない状況下では、欲しいものを我慢するという忍耐心を養えますし、欲しいものを手に入れるためにはどうすればいいか考え工夫する知恵を巡らせます。

また、その時は欲しくてしょうがなかったものでも、しばらく経つとあまり欲しくなくなったり、ほかのものがもっと欲しくなることも経験します。何よりも、我慢して待った後に得られるものには大きな喜びがあります。

そうした我慢する、待つ、努力するを経験させないで次々と欲しいものを与えていては、子どもは自分の欲望を抑える意志の力のない、次々と要求をエスカレートしてしまう人間になってしまいます。そして我慢した末にその望みが叶う喜びを知らない子になってしまいます。これは将来のその子の人生を貧しいものにします。

社会全体が貧しい時代は子どもたちにプレゼントするのは「愛」でしたが、物があふれている現代は、モノ以外の「愛」を与えることで、欲望に流されない強い心を育てなければならなくなっています。

私はこれまで、資産家あるいは名家として長く続いている家庭のお子さんたちが、質素に育てられている例をよく見てきました。欲しいものを買い与える経済力があっても欲しがるものをホイホイ与えるのではなく、我慢させることで忍耐力や意志力を養う。だからこそ家を存続することができたのでしょう。

逆に、急にお金持ちになったいわゆる新興の「富裕層」と言われるような家庭で、子どもにも贅沢をさせ、ゲームやおもちゃ、ブランド物の衣服や高価なお菓子をたっぷり与えている例も多いようです。

幼い時から一流のものに囲まれて育つと「違いのわかる」感性が育つと信じている人もいますが、それ以前に自分の欲望を我慢できる意志や習慣を身に付けさせることが必要だと私は思います。

その子の人生を豊かにする基本的な生活習慣の一つが、欲しいものをすぐに手に入れるのではなく、約束した期限まで待つ、ということです。物質的な欲望をコントロールする力は、真の豊かさに不可欠です。「大した金額でないのに買ってあげると孫が喜んでくれるからうれしい」「プレゼントを喜んでくれるのは幼い時だけ」という気持ちはわかりますが、自分の買い与えたいという欲望を祖父母自身も我慢しましょう。

一方で、親世代が子どもの欲しがるものをどんどん買い与えている場合もあります。祖父母の価値観と違っている場合、悩むところですが、自分の考えを伝えるにしても、強要はけんかになります。強要はせず、一意見として上手に伝えるようにしてください。

高齢者へのいたわりを教える

欲しいものをすぐに与えないで待たせるだけでなく、日常の生活でも我慢することを教えましょう。少し無理かなと思っても、もうひと頑張りさせる。それによって体力、気力が養われます。

疲れているから無理はさせないと保護していると、どんどん体力が衰え弱くなっていきます。長い距離を歩きとおす、お手伝いをするなど、体を動かす機会を作りましょう。東京など大都市では地下鉄や電車などの公共交通機関を利用して動き回れますが、地方ではどこへ行くにも自家用車となりがちで、大人の体力だけでなく、子どもの体力も衰えています。

できるだけ歩く機会を増やすように買い物に行く、重いものを持つ、長い階段を上がる、近くの山にハイキングに行く、などの経験は孫の体力を鍛えます（孫と一緒に動けば高齢者の体力維持にもつながります）。一緒にドンドン出かけましょう。幼い孫と少し体力の衰えた祖父母の体力は、初めは祖父母のほうが勝っていても、次第に孫のほうに体力がついてきて、いつか逆転します。

まだまだ元気なうちは孫を保護し守る役割を果たすべきだと思っている高齢者が多いのですが、孫にとっては弱くなっている高齢者をいたわる経験も重要です。

孫と一緒に買い物に行ったら、帰りの荷物は孫に持ってもらいましょう。電車の中では5、6歳になったら孫を席に座らせないで祖父母のほうが座りましょう。体力の衰えた高齢者にどう対応すればよいかわからない孫も多いでしょうから、祖父母のほうから「席をゆずってほしい」、「荷物を持ってくれ」、「扉をおさえておいて」、「階段を上るときに手を取ってほしい」などと頼むのもよい経験になります。

そのうちに車いすを押すのも頼まなければならなくなります。こうした祖父母をいたわる習慣が身に付けば、電車の中で前に高齢者が立っていても席を譲らず座席を占拠している中学生や高校生は減るのではないでしょうか。

祖父母をいたわるだけでなく、働いて疲れている母親をいたわる、家事を分担する、そうした行動を当たり前にできる子が増えてほしいですよね。そのためにも、幼い時から好きなことだけをするのではなく、我慢してもやらなければならないことを行う体力と、面倒がらない習慣をつけることが大事です。

幼い時こそ基礎力を

子どもに教育やしつけをするのは親の価値観の押し付けだと考える人もいます。子どもはのびのびと育て、好きなことをさせる。親が教えなくても、成長して判断力がついてきたら自分でわかるようになるだろう、と。

しかし、私は古いのかもしれませんが、子どもの自主性を尊重し、大人の方針を押し付けないように接するというのは、子どもの人間としての基礎力がついた後だと思っています。それは個人差はありますが、10代になってからでしょうか。

それより幼い9歳ごろまでは、生活していくうえでの基本的なマナーや生活習慣をつけることが第一です。例えば洗顔、歯磨き、洗髪、入浴、着替えなどをして清潔さを保つ習慣。栄養のある食事をとり、ジャンクフードは控え、体を動かし、早寝早起きをして睡眠時間を確保するなどの健康的な生活習慣。挨拶をする、約束を守る、自分の考えをはっきり言葉で伝えるなどの社会生活習慣をつけることです。これらはどんなAI時代になろうと、生きていくうえでの基礎力です。その基礎力を身に付けたうえでの「自主性の尊重」です。基礎力がないのに自主性を尊重していると、生きる力の乏しい人間になってしまいます。

基礎力をつける適齢期は幼い時です。成長すればするほど一度ついた習慣を矯正するのは難しくなり、子どもは自分の考えを主張するようになります。

幼い時にしっかり基礎力を付けておくと、親や祖父母も後の子育て孫育てが楽になります。子ども自身にとってもそれが良い習慣として身に付いていれば、人生の大きな財産になります。祖父母が相続させるべきは、お金や土地のような有形資産より、マナーや習慣や体力のような無形資産なのです。

そうした良い習慣は自然に身に付くものではありません。子どもは親の後ろ姿を見て育つと言われるものの、幼い時は具体的にどうするのか、教えなければできません。それは一緒に住んでいる親の役目ですが、なかなかその時間がとれない親もたくさんいます。教えるには時間もエネルギーもかかりますし、愛情がなくてはできません。

祖父母が孫と同居している場合は日常的に伝える機会がありますが、離れて住んでいるときも例えば5、6歳になったら一晩、2日間、3日間など少しずつ祖父母の家に「お泊まり」させるのも良い経験になります。子どもにより親が一緒でないと難しいかもしれませんが、子どもだけで泊まりに来る機会を作るのは、子どもの自立、親の負担軽減にもつながります。小学生になったら週末や長期休暇にお泊まりに来るのは、どちらにとってもよい思い出になります。その間、親たちには自由な「時間」をプレゼントしましょう。

毎朝必ず洗顔したか、歯を磨いたか、何時に寝て何時に起きたかチェックリストを自分で記入させるのもよいでしょう。顔の洗い方、歯の磨き方、洗髪の仕方、入浴のマナー、シャワーの使い方なども、最初の頃はそばで付き添い、やり方を丁寧に教え、自分でやらせて身に付けさせましょう。

食事の際に「いただきます」「ごちそうさまでした」と手を合わせて挨拶をする、正しい箸の持ち方を教える、スプーンやナイフの使い方を教える、食べた食器を洗い場まで持っていく、こうしたことも初めはゲーム感覚で教えます。ちゃんとできたらたくさんほめてあげましょう。

うまくいかなかった場合はあとでまとめて注意するのでなく、その場ですぐ注意するようにしましょう。幼ければ幼いほど、子どもは抵抗なく身に付けます。日常生活のスキルやマナーは特にそうです。約束を守る、きちんと言葉に出してお願いするなど、人間性にかかわる重要な習慣もできるだけ幼い時から、その場で注意するほうが身に付きます。

小さいことほどその場ですぐに注意するようにして、後でぐちぐち蒸し返さないようにしましょう。逆に、子どもの将来にかかわる教育方針やいじめをしないなど人間性にかかわることは、少し後になってもいいから時間をとってゆっくり話し合う、というようにメリハリを付けたら良いのではないかと思います。

孫に豊かな経験を贈る

祖父母から孫への贈り物はモノだけではありません。核家族の中だけ、同世代の仲間たちだけで行動していては得られない経験と知恵を贈ることです。これは、祖父母から孫への無形資産の贈与です。

展覧会、コンサート、旅行などに連れていくのもよいですが、日常の料理、大掃除などの家事、墓参りや誕生会などの行事へ孫を積極的に参加させましょう。

「孫は勉強や趣味に忙しくて祖父母と付き合ってくれないのは仕方がない」と遠慮する必要はありません。家族との集まりは本来、ゲームや音楽などの気晴らしより優先順位が高いはずです（私は日本の少子化の原因の一つは、大人も子どもも家族を大事にしないで仕事や気晴らしを優先させるようになったからではないかと思っています）。

前もって命日やお彼岸などに墓参りをする日程を伝えておいて、できるだけ集まりましょう。ほかにも親の結婚記念日、祖父母の古希の祝い、喜寿の祝いや、孫の卒業式や入学式のお祝いと、集まる理由には事欠きません。

単に集まるだけでなく、何か目的や理由付けをすると家族の集まりも楽しくなります。孫たちも家族行事に「お客さん」として参加するのでなく、小学生になったら主催側の一員として参加して、集まりの準備を孫たちで企画し、楽しい集まりにする工夫をしましょう。

小学生になったら絵画や生け花、茶道、あるいは合唱団やダンスなどの祖父母の趣味の発表会や展示会に孫を招待し、そこで祖父母の友人や仲間に紹介するとみんな喜んでくれます。そうした時や自宅に祖父母のお客を招いた場合は、孫に自己紹介と歓迎の挨拶だけはしてもらいましょう。初対面の年長者に自己紹介や挨拶をするのは、孫にとってよい経験になります。

最近では母親が働いているのが多数派ですので、先述したとおり小学生になったら長期休暇には孫を自宅に泊まらせましょう。可能なら孫の親しい友達も一緒だとよい思い出になります。私の孫は中学生の頃、仲良しの友人と私の家で「お泊まり会」をしました。

祖父母と料理を一緒に作ったり、掃除をしたり、本を読んだりする時間は豊かな思い出になります。私の友人は地方に住んでいるのですが、大学生になった孫が夏休みに免許を取りにきて1カ月滞在したと喜んでいました（大学生に毎日食事を作るのは大変だったようですが）。

卒業や入学祝いに、物ではなく「経験」を贈るのも良いと思います。私は孫の成人式のお祝いに海外旅行をプレゼントし、一緒に旅を楽しみました。

そうした一緒に過ごす時間には、自分の経験したこと、生活の知恵などを孫たちにたくさん話しましょう。彼らにとっては経験のない世界なのです。そして自分の親のこと、仕事のこと、若い時に読んで感動した本などについて語りましょう。

この子たちは昔の話には興味がないだろうと、初めから遠慮する必要はありません。その時すぐに祖父母の話に興味を示さなくても、記憶には残っているのです。本やテレビで知った「情報」よりも、語りが心に残りやすいのです。

子どもだましより本物を

子どもの感性を豊かにするには、子ども用にアレンジした音楽より、本物の名曲の小品を聞かせるほうが良い刺激を与えます。絵や器でも、デジタルの画面や印刷した紙面よりも、本物に接したほうが良い刺激を与えると言われています。

しかし親たちには時間とお金の余裕がないことが多く、本物の音楽を聴きにコンサートに連れ出したり、展覧会で美術作品を鑑賞したりする時間が取れません。そこで祖父母の出番です。

少し時間や経済的な余裕がある祖父母が平日の夕方や長期休暇の時期に、小学生や中学生の孫を演奏会、演劇、美術展に連れ出す。たとえ孫が退屈そうにしていて喜ばなくても、そうした経験はあとに残りますし、祖父母にとってもよい思い出になります。孫たち自身も塾だ、部活だと忙しいのですが、そうした時間は作るものです。

旅行に連れ出すのも孫たちに本物の経験を与えることになります。昭和時代の小学校は「皆勤賞」などがあり、学校を休むことは悪、休まないで毎日学校へ行くのが善という価値観が浸透していました。授業を休むと学習が遅れてしまうというよりも、ずる休みをしない、皆と同じ行動をするという生活習慣をつけることが、当時の社会で大人として生きていく基礎力として重視されていたからです。

でも今は、少しずつ弾力的な考え方をする学校も増えてきています。相談すれば1週間程度の休暇は取れます。1年に1週間程度休んだとしても、その間に得難い体験をすることは重要です。学校を休ませることにどうしても抵抗があるならば、三連休や長期休暇の間に連れ出してもよいでしょう。たとえパック旅行でも、外の世界を見ることは刺激になります。

私はモノより経験にお金を使ったほうが良いと考えています。もちろん、バッグや時計など身の回りの小物などに1点か2点、しっかりとした手仕事の品質の良いものを、大学の入学祝いや卒業祝いにプレゼントするのも悪くありません。長く使い込んでもしっかりしているものを丁寧に扱い大事にするという習慣を自分でつけるのです。もちろん1点か2点です。数が多いとありがたみが薄れ大事にしなくなります。

その点で言えば、洋服や靴は成長している乳幼児から10代までは、すぐにサイズが合わなくなり着られなくなるので、長く愛着を持って使うにはふさわしくないように思います。また、小中学生の欲しがる携帯電話、パソコンなどの電子機器も新しい性能を持った製品がどんどん登場してきますので、高性能のものを与えて長く使うという趣旨には添いません。シンプルな性能のもので十分です。

また、情報機器はできるだけ判断力を持つようになってから使わせましょう。オーストラリアでは16歳未満にSNSを使わせないという法律ができています。日本では法律はありませんから、親や祖父母が与える時期をしっかり判断する必要があります。

孫にはＡＩ時代を生き抜く力を

かつて、「小学校に入学した子どもが将来就く職業のうち65％は、現時点で存在しない職業である」と言ったアメリカの学者がいました。確かに1世代30年ほどさかのぼった１９９０年代には、ユーチューバーやスマホのアプリを作る仕事ですとか、サイバーセキュリティ・コンサルタントなど、インターネットに関連する仕事の多くは存在していませんでした。

孫たちが成長して就く仕事も、今現在は存在しない職業が多いはずです。現時点で存在しない仕事に就くには、どんな能力が必要なのでしょうか。創造力、コミュニケーション力、諦めない力、チャレンジ力など様々な能力が挙げられています。

その一方で、現在は必要とされている語学力、プログラミングなどのスキルはどんどん自動化されたり単純化されたりし、重要でなくなると予測されています。例えば私は子どもの頃にそろばんの2級を取りましたが、大人になってからは、珠算のスキルも資格も使ったことはありません。

この1世代の間にインターネットが仕事のやり方や職業を変えたように、次の世代はＡＩが職場や仕事を変えるのではないかと言われています。ＡＩ時代に生まれる職業は何で、その仕事をするために必要な能力は何か。製造業中心時代の「言われたことを素直に実行する能力」でないのは確かです。

では、ＡＩ時代にどのような能力が必要なのでしょうか。「なぜだろう、これでよいのだろうか」と考え、「こうしたらどうだろう、こうしてみたらどうかな」と新しいアイデアを発想すること。そして失敗しても諦めないでまた試してみる、最後までやり遂げる、異性や外国人や世代の違う人の意見にも耳を傾け意見を交換する、共通の目標のために仲間と協力できるなどの、人間としての力が必要だろうと思われます。

そして一番大事なのは、課題を見つける能力です。「変だな」とか、「面白い」、「かわいそうだな」と豊かな感情を持ち、困っている人に自分ごととして共感し、ほかの人が直面している課題を解決するにはどうしようと考える人が必要とされるはずです。

そのためには孫が「なぜ」と質問したら丁寧に答え、自分でも答えがわからなかったら「どうしてだろう、こうかな、ああかな」と孫と一緒に考える時間を持つことです。これは忙しい親には期待できない役割です。「余計なことなど考えていないで勉強しなさい」という教育方針の下で子どもが成長すると、AI時代には通用しない単純人間になってしまいます。

必要なのは、スキルや知識ではありません。課題に取り組む態度や知的好奇心など、心の持ち方です。

私の場合、そろばん2級の資格は職場で使うことはありませんでしたが、友達より早く高い級を取れたというのは自分に自信を与えましたし、暗算の速さは長い人生でいつも日常生活の役に立っています。

子どもの頃には副産物をたくさん持てるような活動をするのが良いと思います。たとえば中学受験には批判もありますが、目標のために努力する習慣がついた、進学塾で同じ興味関心や考え方を持つ友人と出会った、子どもの能力を信じ引き出してくれる教師に出会ったといった副産物もあります。受験勉強を一概に否定すべきではありません（ただし、受験で人生が決まるわけではないので、落ちた時に別の視点を与えるなど、祖父母は親とは別にもう一つの視点を持っていましょう）。

自分が言いたいことを遠慮なく言える、自分の思い付きが否定されない、このような環境で育つと、孫は自信をもって未知の世界で仕事をすることができるのではないかと思います。何度も言いますが、身に付けるべきはスキルや専門知識だけではなく、面白がる、頑張ってみる、いろんな人の話を聞くという「態度」なのです。そして自分の思い付きを否定されずに面白がってもらえることによって培った、何でも言っていいんだという自信、自己肯定感です。これはＡＩ時代に限らず、いつの世でも大事な「不易の人間力」です。祖父母は孫に、そういう環境を作る人でありたいものです。

受け入れることも品格

祖父母の中にも、孫がかわいくないという人がいます。

父親や母親でも子どもが愛せないという人がいますから、不思議ではありません。

祖父母と孫の場合もいろんな関係がありますので、祖父母が孫を愛するのは当然だとされると、違和感を覚えたり、反発する人もいるでしょう。孫との関係も単純ではありません。

孫の親やその配偶者とうまくいっていない、特に息子の配偶者である「嫁」が子どもを独占的にかわいがり祖父母がかかわることを煙たがる場合は、孫との関係も疎遠になりがちです。何とか孫と仲良くしようと祖父母がいろいろ働きかけても、かえって反発されるだけです。

その場合は遠くから見守るだけにし、向こうから声をかけてきた時だけ会う、頼まれたことを行うだけでよいのです。自分の気持ちを切り替えて、孫以外の楽しみや、愛情の対象を見つけるようにしましょう。腹立たしく寂しいことかもしれませんが、やむを得ません。固執しないのも品格です。


嫁でなく自分の娘や息子でも、自分たちの流儀で育児をしたいといって親の口出しを快く思わない、あまり接触させない場合もあります。中国の都市部では急速に豊かになり、若い世代の学歴が高くなっているのですが、孫の育て方について親と祖父母の世代の価値観が合わないので祖父母の育児支援を歓迎しないケースもあるそうです。日本はそこまで世代断絶はしていませんが、情報機器が使いこなせない祖父母が「遅れている」「任せられない」と言われると、つい「もういいよ、勝手にしたら」と言いたくなります。

しかし、そうした売り言葉に対して買い言葉で応酬しても、気分は晴れません。そういう時に腹を立て、相手の誤りを指摘して変えさせようとしたり、自分でもこれだけできると反論しても、まずうまくいきません。仕方がないなと一歩退くのも年の功です。家族だからと過大な期待をしてはいけません。

そのうちに親（娘や息子）も経験を積み、少し考え方を変えることもありますが、そうでなくともこういう巡り合わせだと諦め、受け入れましょう。

親（子ども）との関係が上手くいかないので孫とも上手くいかないだけでなく、孫の短所が目について孫を好きになれないこともあります。

「子どもを愛せない」という親がいるように、孫に対しても「孫が愛せない」祖父母がいるのはやむを得ないのかもしれません。でもそれが自然なこととせず、そこは意志の力で、「gifted talent gifted handicap」とありのまま受け入れるよう努めましょう。

人間誰だって完全ではないのです。孫の弱点や不完全な部分も、ありのままに受け入れることこそ、祖父母の品格と言えます。

親よりも、祖父母は年齢を重ねているだけに、経験を積んでいます。孫の不完全な部分も受け入れ、どこか一つでもその子の良いところを見つけて、受け入れ、ほめてあげましょう。たとえ客観的な基準では大したことがなくても、その子の長所を見つけて自慢にし、喜ぶのです。親バカならぬ、じじバカ・ばばバカです。それによって子どもたちはこの世界で居場所を得るのです。「出来の悪い孫ほどかわいい」心境になるといいですね。

自分が成績が良いから、美しいから、スポーツができるからではなく、短所だらけでもありのままで受け入れてくれる人がいるのは、孫に自信を与えます。

中には、発達障害などで人との関わりがうまくできない子もいます。そうした子を否定するのではなく、「いいところもあるのだから」と受け入れたら、その子にとってどれほど大きい救いになるかわかりません。

勉強やスポーツができ、自慢できる孫に恵まれるのはとても幸運なことです。でも、そう幸運な人ばかりではありません。いろいろな欠点、不十分な部分も抱えながら、それでも生きていかざるを得ない若い世代の苦労を想像し、「この子も生きていくのが大変だろうから、及ばずながら応援しよう」と思えば、受け入れることができるのではないでしょうか。

コラム　文学・昔話に見る祖父母の品格

日本の昔話には、おじいさんおばあさんが子どもを育てる話がたくさんあります。

『竹取物語』では自分の子どもでも孫でもない竹の中から生まれた小さな女の子を、『一寸法師』では背の小さい男の子を、『桃太郎』では桃の中から生まれた元気な男の子を、おじいさん、おばあさんが愛情を込めて育てます。

将来この子が美しく育ち、貴族や帝から言い寄られたくさんの贈り物を得るとか、鬼退治をして鬼が集めていた財宝を持ち帰るなどと見返りを期待したのではありません。きっと、縁があって自分たちのもとに来た何の血のつながりもない子どもを精一杯愛し、育てたのだと思います。

血のつながらない子どもを育てることについて、もう年だから面倒だ、責任を持つのは嫌だ、などとは言いませんでした。見返りを求めず、ゆとりのない暮らしの中で子どもを世話し、費用を負担し、無私の利他精神で子どもを育てたのです。これぞボランティア精神ですね。

私たち現代の高齢者は、こうした昔話の高齢者が他人の孫＝〝他孫〟（たまご）を愛情を込めて育てたのを、少しは見習わなければと思います。


きっと昔は若くして子どもを残して亡くなるというケースも多かったのでしょう。普通の人々の人生のすぐそばに、戦争や疫病、飢饉がありました。日本だけでなく西欧でも、親が亡くなって育てられないときには祖父母が子どもを育てるのは当たり前でした。

父親や母親が再婚して継母や義父に育てられた子どもも多く、白雪姫も、シンデレラも母親が早くに亡くなっています。『フランダースの犬』のネロもおじいさんのジェハンに育てられました。

この状況は19世紀になっても変わりませんでした。

赤毛のアンは両親が亡くなって、預けられていた孤児院からマシューとマリラの兄妹のもとに引き取られて育ちました。農作業を手伝ってくれる男の子が欲しかった老兄妹でしたが、一生懸命生きようとしているアンを育てることを決断し、彼らは愛情と感謝で結ばれた真の家族になりました。

アルプスの少女ハイジも両親が亡くなった後、アルプスの山間の村に住む祖父のアルム爺さんに引き取られ、大自然の中で優しい人々と触れ合う中でたくましく成長しました。小公子セドリックも父が亡くなった後、父方の祖父であるドリンコート伯爵に引き取られ、頑なな伯爵の心を溶かしました。

このように、児童文学に描かれた祖父母は日本の昔話の祖父母と同じく、親を亡くした孫を引き取り、孫をいとおしみ手元で育てたのです。また、アルム爺さんが典型ですが、孫を引き取っても自分のライフスタイルを崩さず、孫におもねることもなく、淡々と孫育てをしています。

子育てが両親だけの責任とされたのは、日本でも戦後の高度経済成長期以降の半世紀あまりのことです。日本の歴史でも、祖父母が娘の生んだ孫を育てるのが長い間の風習でした。

日本神話では最高神天照大神《あまてらすおおみかみ》の孫のニニギノミコトが天孫降臨し、天皇家の先祖になったと伝えられています。これは『日本書紀』が編まれる前、女帝である持統天皇が息子の遺児である文武天皇に皇位を伝えたシチュエーションが反映されていると言われています。

大河ドラマ『光る君へ』で知られたように、藤原道長は妻の源倫子が親から相続した土御門殿で、妻の親たちとともに暮らし、彰子や頼通などの子どもを育てました。彰子が中宮になってから出産や育児のために里帰りする場所も土御門殿でした。道長は彰子の生んだ二人の皇子を全力で後見しました。

小説ですが、『源氏物語』の光源氏も、母親の桐壺更衣が亡くなった後はその母親である祖母に育てられましたし、紫の上も母親が亡くなった後、祖母の北山の尼君に育てられていました。光源氏の長男の夕霧も、母親の葵の上が亡くなった後はその両親である左大臣と大宮に育てられました。当時は娘が亡くなった場合は、その親が孫を育てるのが当たり前だったので、それが物語にも反映されているのです。

もう少し近代の文学に目を向けましょう。有吉佐和子『紀ノ川』、円地文子の『女坂』は、それぞれの母方の祖母がモデルになっている小説です。

『紀ノ川』は和歌山県の紀ノ川沿いの上流の素封家《そほうか》である紀本家から、下流の真谷家に嫁に来た花が主人公です。花は穏やかで美しい水をたたえた紀ノ川のように、すべてを包含する生命力でその家に尽くし、夫を盛り立て子どもたちを育てました。

この作品は、花と娘の文緒、孫の華子と女性3代の生き方を描いているのですが、孫の華子のモデルが作者の有吉佐和子です。疎開などで触れた祖母の姿が有吉佐和子に大きな影響を与え、それを小説に描いたのでしょう。娘の文緒が母への反発、批判を見せるのに比べ、孫である華子は深い愛情と敬意をもって祖母の人生を描いています。

同じように円地文子の『女坂』も、江戸時代の（おそらく薩摩藩の）下級武士から明治政府の官吏となり資産をなした白川行友の妻・倫《とも》が主人公です。倫も著者の母方の祖母がモデルです。倫は男尊女卑だった夫に忍従して仕え、同居する妾や使用人も多い家を切り盛りしました。夫や家族の不祥事の後始末に走り回り、娘を上田万年《かずとし》（のちに東大教授）に嫁がせるなど家族を守り立て、忍従の一生を送った祖母の人生が流麗な筆でつづられています。小説の中で円地文子自身との触れ合いはほとんど描かれていませんが、祖母の生き方は彼女に深い印象を残し、作品に結晶したに違いありません。

1994年の梨木香歩さんの児童文学では、祖母は現実の社会と異なる価値の伝え手として描かれています。『西の魔女が死んだ』は自然にあふれた森の中で暮らすイギリス人の祖母と不登校になってしまった孫の「まい」の物語です。母親から持て余された「まい」は初夏から約1カ月祖母と同居して「魔女修行」をします。魔女修行と言っても物事を自分で決める、決めたことを最後までやり遂げるという地道な努力です（これは前述のとおりＡＩ時代に必要な態度です）。そして自然の美しさを感じる環境の中でこうした能力を身に付けて少女は成長します。

しかし近所に住むゲンジに対する態度の違いから「まい」は祖母と仲たがいをし、親の元に帰ってしまいます。そして、2年後に祖母が亡くなったと知らせが届きます。社会が求める人間に育てようとする学校になじめない「まい」にとって、自由な発想で社会のルールにとらわれない祖母は「魔女」として新しい世界に目を開かせてくれる存在でした。

この物語のようにちょっとしたことで孫が祖母に反発してしまうこともありがちですが、それでも別の世界観、価値観を伝えてくれる役割を祖母が果たしているのです。


最近の本でも『おばあちゃんがヤバすぎる！』（エンマ・カーリンスドッテル著）は小学校入学前の孫と自由な夏を満喫する中で、親や学校と違う価値観を祖父母はどう伝えることができるか、大人が読んで気づきを得る物語です。

親に代わって孫を育てる、昔話や近代の祖父母。社会の変化の中でしっかり生きて孫の心に大きい影響を与える『紀ノ川』や『女坂』の祖母たち。そして現代の社会で別の価値観を孫に伝える児童文学の祖母たち。多様で豊饒な祖父母と孫の世代の触れ合いは、私たちの視野を広げてくれます。

第3章

年齢別・孫との向き合い方

乳児期（0～1歳）の孫との向き合い方

不安を取り除くのが祖父母の役割

出産は家族を挙げての一大イベントです。今では病院や産院での夫立ち合いの出産も増えているので里帰り出産のような実家の母の出番は少なくなっていますが、元気な赤ちゃんが生まれてくるのは家族全員にとって人生最大の喜びの一つです。

一般的には子どもが生まれた母親は幸福の絶頂のように思われていますが、実は赤ちゃんが生まれた後、「産後うつ」と言われるような精神状況に陥る母親も少なくありません。

出産で消耗した体力が回復していないのに、夜泣きをする子どもに付き合って睡眠時間が取れない、といったケースや、てきぱきと育児も家事もこなすべきなのに体力が追い付かず、慣れない育児にもたもたしている自分がもどかしい、と自分を責めてしまうケースもあります。

育児に時間が取られて、自分だけが社会から置いていかれているという焦りや寂しさもあります。精神的にも肉体的にも疲れている母親が多いのです。あやしつづけても寝てくれない、お乳を飲んでくれない子どもにイライラし、子どもに当たってしまうこともあります。

祖父母は慣れない育児に疲れている若い母親が休めるよう子どもの世話をしたり、食事を用意したり、掃除や洗濯をしたりしてあげましょう。その点、里帰り出産は良い慣習でした。私の母の経験では、姉たちの出産にあたってはそれぞれ半年ほど里帰りしていたそうです。

別居している祖母が産後の応援に駆け付けるのも大きな助けになります。しかし最近は実家の母も働いている場合が増えています。また保健所などが、こうした産後ケアをサポートする専門の保健師さんを派遣する事業を始めている地域もあります。世話になった産婦人科の医師とも相談し、専門家のサポートを得るようにするのです。祖父母だけで全部抱え込むのではなく、保健師、あるいは家政婦さんの助けも借りてこの特別な期間を乗り切りましょう。

新米ママを「世間」から守る

若い世代は個性的で自由にふるまっているように見えますが、実はとても繊細で人目を気にし、人からどう思われるか不安に思っています。特に新米ママたちは子どもの成長がほかの子どもより遅れているのではないか、ほかの子はもっと良い育て方をされているのではないか、自分の育て方はこれでよいのかと気にしています。

多くの新米ママは、自分の育て方に自信が持てないのですね。産後の不安定な時期を乗り切った後も、幼い子を旅行や買い物などに連れていくと世間から批判されるのではないか、子どもが泣いているとしつけが悪いと白い目で見られるのではないか。

母親の心配の種は尽きません。

自分の子がしっかり育っている、ほかの子より体格も体力も知能も優れていると自信を持つ母親はゆったり落ち着いていますが、それはほんの少数の母親です。大多数の母親はほかの子に比べて子どものここが足りない、あれは大丈夫かなどと悩んでいます。

特に最近は情報化社会が進み、SNSなどで自分の子と同じ月齢の子どもが立ったり歩いたりする映像がアップされていると、「それに引き換えうちの子は」と落ち込むママも多くいます。


多くの若い母親が、子どもが生まれると自分の母を頼りにするようになるのは、人手が必要で育児を助けてくれるだけでなく、世間の目から守ってくれるからです。祖母はその期待に応え、若い母親を全面的にサポートしなければなりません。

「心配しないでも大丈夫」「母親が機嫌よくしているのが子育てには一番大事」と安心させましょう。祖父母が心配を掻き立てるように「この子は大丈夫かね、心配だね」などと何気なく言うのは厳禁です。「子どもの発達は一人ひとり違うから一喜一憂しなくていいよ」と賢くアドバイスしましょう。祖父母の役割は、こうした不安に取りつかれがちな若いママを安心させてあげることです。

姑が警戒されるのは「世間体」の代表としていろいろ比べ、世間の常識に基づくアドバイスをするのではないかと恐れられているからです。「まだ歩かないのは心配ね」「まだ断乳しないでお乳を飲ませているの」といったように、悪気はなくても思ったことをそのまま口にしては、新米ママを不安に陥れるだけです。実の娘でないお嫁さんに対しては、自分の発言を相手がどう思うか十分注意して、言葉を選びましょう。

育児について

一方、若い母親を応援しようと思っていても、「祖母の育児は古い」と反発されることもあります。母親たちは経験が足りないためでもありますが、スマホやパソコンで多くの情報を集めています。例えば祖父母の時代には全く意識されなかった「はちみつを1歳未満の乳児に与えてはいけない」というのは、若いママたちには常識になっています。清潔さにこだわる若いママの意識も、祖母世代と異なることが多いです。子どもが泣いたらすぐ抱いていると抱き癖が付くというのは、長い間世代間の論争の種でしたが、基本的にはママの方針に従いましょう。

育児を助けたいという善意がそうした育児方針の差で対立し、せっかく手伝おうと思っていたのに、「時代遅れの育児を押し付けないでください」「もう手伝ってもらわなくても結構です」ということになるケースもしばしばあります。

祖父母は自分の育児方針がママの受け入れるところでなかったら相手に従いましょう。こちらのほうが良いのだけどね〜と内心思っても、命にかかわる重大事でなければ、小さいことは譲りましょう。

子どもの抱き癖、一人寝などの子育てにも流行があります。

長い間アメリカでは子どもは甘やかさず、できるだけ自立した子どもを育てるべきだという哲学がありました。私はアメリカの友人たちが生後3〜6か月で赤ちゃんを自室で寝かせているのには驚きましたが、それが普通です。それは新大陸を切り開いたパイオニアたちの魂でしょう。

遅くとも1年以内に早めに離乳させる、時間になったら子どもは一人にして寝かせる、授乳は時間を決めて行う、抱き癖はつけない。しつけは厳しく自分のことは自分でさせる、などといったことは、母子一体型の日本的な子育てとかなり異なっていました。

それに対してアメリカでも1950年代半ばにはスポック博士の育児書がブームになり、もっと子どもを抱きしめる、欲しがる時間にお乳を与えるなど甘やかそうという考え方が広がりました。そのためヒッピーのような自由気ままな若者が育ったと批判され、自立重視型の育児に揺り戻しがきました。育児はいろんな理論があり、流行があるのです。

日本もアメリカの影響を受け、自立を目指す子育てが強調された時期もありましたが、最近はそれほどではありません。

子どもは一人ひとり異なる体質、気質を持っています。流行の子育て理論に惑わされず、それぞれの子どもや家庭の事情に合わせて弾力的に行えばよいと思います。しかしそれを子育て経験の少ないママだけに期待するのは非現実的です。祖父母がゆったり構えて、「子どもは一人ひとり違うんだから」「ピリピリしないで自分のペースで子育てをすればいいよ」と母親を精神的にサポートするのが大事なのではないかと思います。

話は少しそれますが、かわいい赤ちゃんが生まれると、お祝いにベビー服やおくるみなどかわいいプレゼントをいただきます。しかし子どもはあっという間に大きくなります。着られなくなった下着やTシャツなどの普段着は、保育所や施設に使ってもらうよう寄付しましょう。若いママたちはかわいい洋服、ブランド物の小物などは、ママ友にあげたりメルカリのようなリサイクルマーケットに出したりして回転させています。

こうした実情がわかると、出産祝いや赤ちゃんへのプレゼントは何がいいか考えさせられます。おばあさんの手づくりの編み物などは「労多くして感謝されず」です。私は子どもが最初に履いた小さい靴などはかわいくて捨てられないのですが、これは写真にとって保存し、物は手放さなければなりません。若い母親はそうした断捨離が得意なので、そこは任せておきましょう。「もったいない」は禁句です。

乳児の医療

かかりつけ医も重要です。地方では親の代から見てもらっているという開業医もいますが、大都市では自分で探さなければなりません。小児科は減少する傾向にあり、より取り見取りというわけではありませんが、コミュニケーションの取りやすい医師を見つけましょう。

かかりつけ医は相性の良し悪しが大きく影響します。私は有名大学出身の頭の良い医師より、子ども好きで優しい医師が一番だと思っています。初めての子どもを育てているママは心配症で発熱にびくびくし、発疹やかぶれなどにも動転しがちです。専門家で「○○の病気の恐れがないわけではないから検査しましょう」などと科学的に診断して大事をとる医師より、「心配いりませんよ、子どもは風邪を引きながら成長するのです」と安心させてくれる医師のほうが私は好きです。そして自分の手に負えないと思ったら専門病院に紹介してくれる人が良いですね。

祖父母も「そういえばあなたも子どもの頃は人混みに出るたびに風邪をもらっていたけれど、1年もするといつの間にかあまり引かなくなったわね」などと、経験から安心させてあげましょう。本当に早期の専門的治療を必要とする病気には注意しなければなりませんが、多くの赤ちゃんの発熱は通過儀礼、免疫力を得るために必要だとママたちに伝えましょう。

アレルギーやアトピーに苦しむ子も増えています。昔と比較する統計がありませんが、確実に増えています。添加物や抗生物質などいろいろな原因が挙げられていますが、その原因は明確には解明されていません。その子の先天的な体質もあるのかもしれませんし、離乳食を早い時期に食べさせるからだという説や、清潔にしすぎるから免疫力が育たないのだとかいろいろな説があります。

私はできるだけ母乳を長い期間あげて、離乳はおかゆや野菜を中心にゆっくりとすすめるようにしました。特別に卵や牛乳などを早くからあげなくても良いのではないかと思います（全く素人の意見です）。

もしアレルギーやアトピーと診断されたら、母親の心労は大変なものがあります。また、日常生活にも負荷がかかります。祖父母はあまり深刻に考えるなと力づけ、淡々と対応食を用意しましょう。発作を起こした際の緊急薬の準備も忘れてはいけません。

予防接種も祖父母が子育てをした頃に比べて格段に増えています。次々と受けなければならない法定予防接種に「本当に必要なの？」と言いたくなります。ワクチンに対してはいろんな意見もありますが、それは日本国民の義務として受け入れなければなりません。自分で区報やお知らせを見て受けに行ったり、開業医でも接種することができたりしますので情報収集も手伝ってあげましょう。

子どもが生まれて1、2年間はここに挙げたようにいろいろな問題に直面して迷うこと、困ることも多いのですが、それを補って余りある喜びもたくさんあります。ニコッと天使のような笑いを見せてくれた、初めて「ばーば」「じーじ」と呼んでくれた、寝返りを打った、ハイハイを始めた、つかまり立ちができた、そして歩いた！

成長の一つ一つが大きな喜びを与えてくれます。両親にとってもうれしいでしょうが、祖父母にとっては自分の子育ての思い出や経験と重なり、二倍、三倍となってその幸福を再体験させてくれます。

保育所デビューを支える

働く母親は育児休業が終わると職場に復帰します。コロナ前は1年前後の育児休業を取る母親が多く、保育所はゼロ歳児の枠は余裕があっても1歳児の枠は希望者が多く、入所倍率が厳しい傾向にありました。それで育児休業を1年未満で切り上げるという保活（保育所入所活動）もありました。

ですが今は育児休業も最大2年まで取れるようになり、そして保育所の収容定員が拡充されたので、保育所に入れなくて待機している子どもはほとんどいなくなりました。定員割れしている保育所がある一方で人気のある保育所は倍率が高いので、きちんと情報を集めてよい保育所を探さなければなりません。

保育所に入所できても、初めの1カ月くらいは慣らし運転。短時間から徐々に保育時間を長くしていきます。それでも保育所に預けて別れるときに子どもが「ママー、ママー」と泣き叫ぶと、母親は身を切られるようにつらく、仕事に復帰しようという意欲も鈍ります。この時期は、祖父母が全面支援体制をとるのがおすすめです。

でも保育士さんはプロとして対応してくれますし、2週間前後で多くの子は慣れていきます。

保育所に通い始めた頃は、必要な着替えや下着の準備など何かと手間取って時間がかかります。そして通い始めて4、5カ月くらいは、ほかの子どものウイルスや細菌をもらって熱を出してしばしば休みます。頻繁に病気になって休ませていると、この子は保育所には適応できないのではないかと心配になるのですが、いつの間にか、あまり休まなくなります。

保育所デビューの時期、病気をもらってきやすい初めの時期は、出産直後と並んで祖父母の活躍が一番期待される時期です。その時期は必ずサポートが必要になる前提で、自分たちのスケジュールを組みましょう。

幼児期（2〜5歳）の孫との向き合い方

基礎力を養う大切な時期

乳児期が終わり、自分で歩けるようになった幼児期の孫は、天使のようです。何にでも興味を示し、歩いたり走ったり言葉を覚えたり、できることが増えていきます。エネルギーのかたまりです。でも、まだまだ脆弱で、風邪や感染症にかかりやすく、親を心配させます。

また、身体は動くのですが、危険に対する感度が発達していないので、いきなり道路に飛び出したり、高いところから落ちたりしてケガも多くなります。

2歳ごろからは自分なりの意見、好みを持つようになり、いわゆるイヤイヤ期に入ります。また（最近は少なくなりましたが）、妹や弟が生まれて親の愛を独占できなくなるという大変革に直面し、赤ちゃん返りや心に傷を持つ子も現れます。

親も祖父母も、そうした子どもに振り回されがちです。一方で、この幼児期は人間性の涵養《かんよう》に重要な時期です。「三つ子の魂百まで」と言われるように、思いやりや正直さなどの性格や、感性や趣向の基礎が形作られます。

甘やかさず、放任せず、祖父母もしっかり幼児期の孫と向き合いましょう。本書でいろいろ述べてきた人間としての基礎力を養うことにおいて、特に重要なのは幼児期なのです。

泣く子どもに負けない

「泣く子と地頭《じとう》には勝てぬ」ということわざがあるように、日本の大人は子どもが泣くと「しょうがないな」と理不尽な要求でも聞き入れてしまう傾向があります。

もちろん言葉が言えない乳児の、お腹がすいた、おむつが濡れて気持ちが悪い、痛い、眠いといった泣き声による要求にはすぐに対応してあげなければなりませんが、言葉が言えるようになった幼児や子どもに対しては、泣くことで要求を通そうとさせてはいけません。要求を訴える手段として泣くのではなく、しっかり言葉で表現する、ダメと言われたら諦めることを示さなければなりません。

子どもはいつまでも自分の要求を表現できない赤ちゃんではないのです。

もう一つの誤解は、子どもが泣くのはとてもつらいからだろう、とても痛くて我慢ができないからだろう、とても悲しいからだろうと大人と同じように推し量ってしまうことです。大人は強い感情をコントロールできなくなって泣くこともあり、悔し涙に暮れることもあります。しかし子どもが泣くのはそうではなく、周囲の親や祖父母に甘えるため、要求を通そうとアピールするためであることも多いのです。

子どもが要求を通すために泣くことを諦めさせるには、周囲の大人は親も祖父母も泣く子に対して、「泣いている間は要求を聞かない」というスタンスを明確にすることです。常日頃から子どもにもそう伝えておきましょう。

特にお店や乗り物の中など他の人たちが大勢いるところで泣かれると、親も祖父母も困惑してつい子どもの要求に屈しそうになります。しかし子どもが「泣けば要求が通る」という経験をして味を占めると、それがエスカレートしていきます。親も祖父母も「泣いている間は要求を聞かない」という原則を守ることが大事です。

周囲の人にはうるさくて申し訳ないと謝っても、子どもには毅然として接することが大事です。そこへ祖父母が出てきて「かわいそう、かわいそう」「周りに迷惑をかけて申し訳ない」とばかり子どもの要求を聞いてやると、親のしつけは力を発揮しなくなります。祖父母は親の方針をサポートしましょう。

そして孫たちには要求はきちんと言葉で伝えるように励まし、正当な要求なら願いをかなえてあげましょう。

才能教育・早期教育

子どもたちは、親や祖父母に大きな夢を与えてくれます。「この子は音楽が好きですぐに覚える。それにリズム感も良いから音楽家に」、「まだ3歳前なのに、もうひらがなを全部覚えて、漢字も読めるから秀才だ」、「この子の運動神経は天才的だ」といったように、ちやほやしたくなるのは親や祖父母にはよくあることです。

この子たちの才能の萌芽を大事にしたい、育ててやりたいと願うのは当然です。子どもの頃から、音楽やスポーツなどの習い事の教室に通わせたり、あるいは私立小学校のお受験の準備をする親もいます。水泳や体操などは、健康のためにはプラスです。

たしかに早いうちからこのような教育を受けると一定水準までは達するでしょうが、その中から傑出した成果が出たり、プロになれたりするのはほんの一握りです。途中で挫折する子が圧倒的多数です。また、幸いプロになっても才能と努力と運に左右される厳しい世界です。本人が「やる」「やりたい」と言わないのに、親が「見込みがありそうだ」と熱くなるのは問題です。

芸術もスポーツもいろいろ経験させて、それはその子が楽しんでいるならいいのですが、無理をさせることは良くありません。

お受験も同じです。子どもには、その子によって知的発達の時期が異なります。早期開花型なのか、スロースターターなのか、それを見極めて無理強いをしないよう助言するのが、祖父母の年の功なのです。

英語教育と母語教育

子どもの頃に英語圏で育った帰国子女といわれる子どもは発音が上手く、みんなの憧れです。

グローバル化が進む中で、世界に通用する普遍語（ユニバーサルランゲージ）と母語（日本人なら日本語）を身に付けることが必要になっています。そのため、東京では幼児期から英語教室、インターナショナルプレスクールに通わせる親も増えています。

早期の外国語教育に対しては批判もあります。母語が身に付かないうちに外国語を身に付けると、思考能力が養われない、混乱するということです。

しかし現実にEUでは、子どもの頃から英語のほかフランス語、ドイツ語、スペイン語など数カ国語を話す人も珍しくありません。多言語を話すと脳や発達に害を与えるということは心配しなくてよいと思います。

母語に関しては、親や祖父母はきちんとした日本語で丁寧に話しかける、聞く、そして本を読ませるといった母語教育をしっかりしなければなりません。

子どもが英語を話すようになったとしても、うれしくなって祖父母がブロークンイングリッシュで相手をしてはいけません。丁寧な日本語で会話をし、「この人とはしっかり日本語で話すのだ」と思われるような相手になりましょう。

一番まずいのは、英語も中途半端で日本語も中途半端という、バイリンガルならぬ〝ハーフ・ハーフリンガル〟になることです。日常会話はできても読み書きがおぼつかないという帰国子女は多いのです。

母語プラス普遍語で、読み書きとスピーチができる水準を目指しましょう。

学童期（小学生）の孫との向き合い方

できることが増えてくる

小学1年生はまだ幼児の面影を残していますが、小学6年生になるともう少年少女です。

もちろん個人差は大きいのですが、身長が伸び、本が読めるようになり、TVのニュースも見て知識が増え、いろんなことを理解できるようになります。

そろそろ親や家庭よりも友達との付き合いが大事になり、家族から離れて自分たちの世界を持とうとします。しかしもちろんまだ子どもで、十分な判断力や社会常識はありません。

低学年までが、理屈なしに良い習慣やマナーを身に付けさせる最後のチャンスです。この時期までに、嘘を言わない、弱い人をいたわる、お礼を言う、丁寧にはっきり話す、手洗いをするなどの良き習慣を、折に触れて丁寧に伝えておくと、孫の一生の財産になります。

高学年になると自分なりに学校や先生の教え方や、社会に対して意見を持ち始めますから、ぜひ丁寧に真剣に聞いてあげましょう。意見が違うこともありますが、祖父母も自分の意見を伝え、話す習慣が大事です。「まだ子どもだからそんなことを考えるより勉強をしていなさい」などと言ったら、せっかくの自分の意見を表現し社会への関心を育てるチャンスを逸してしまいます。

自分の意見だけでなく自分の好みも持ち始めるので、おさがりはもう喜ばなくなります。祖父母が孫に洋服やバッグなどを買ってプレゼントしても、喜んでくれなくなります。頼まれたものを買ってあげるか、一緒に行って選ばせるのが不可欠です。そうすればせっかくプレゼントしても喜んでくれないという悲劇を避けることができます。

健康づくり（運動・睡眠・栄養）

小学生も幼児期からの続きで、健康や将来のための体づくりが一番大事です。睡眠・運動・栄養が基礎ですが、幼児の時は親のコントロール下にあったのが、この時期になるとだんだん親の手を離れ、別の世界を持つようになります。それでも朝ご飯や夕ご飯に、しっかり栄養のあるバランスの取れた食材を食べさせることが大事です。もちろん親が第一の責任者ですが、祖父母もできるだけ体づくりをサポートしましょう。

まずはできるだけ外で過ごす時間を作ることです。家でパソコンやタブレットを見続けていると近視が進みます。できるだけ外で過ごし、体を動かす機会を持つのが大事です。

そのためには、男の子も女の子も水泳、体操、野球、サッカーなどのスポーツ活動に継続的に参加させましょう。学校でもスポーツをする時間がありますが、1週間に1時間程度では十分ではありません。地域のクラブなどに参加を促してみましょう。

私の好みとしては柔道や空手、合気道などの日本の伝統的な種目が日本人として特別感があり、そして若い参加者を大事にしてくれるので良いと思うのですが、子どもの好みで好きなものを選びましょう。楽しくなければ続きません。

学校の外のこうしたスポーツ活動は、送り迎えや試合の付き添いなど親の時間を必要とします。できるだけ祖父母も手伝いましょう。

また、日曜日などは買い物や映画よりも、ハイキングや散歩、バーベキューなど外で一緒に過ごす活動をすると、子どもも大人もリフレッシュできます。

そして、睡眠も大事です。日本は大人の睡眠時間が世界でも短い社会なのですが、子どもは基本的に8時間以上は眠るようにしましょう。夜10時には床に就き、朝7時前には起きる生活習慣をつけましょう。

特にパソコンやスマホ、タブレットなどは夜9時までとか、1日1時間だけとか、決まりを作ってだらだら視聴することがないようにしなければなりません。ネットゲームや、ネットフリックスなどのドラマの視聴で夜更かししていても、必ずいつもの時間には、どんなに眠たがっても起こします。朝起きられなくて学校を遅刻することが続くと、不登校につながると言われています。

栄養は、基本的に手作りの食事が望ましいです。平日は調理済みのお惣菜を活用するにしても、時々野菜の煮物や焼き魚を加えましょう。

平日の昼食については、学校で給食をしっかり食べていれば問題ありません。日本ではどの地域の公立小学校でも給食が出されるのが素晴らしいことだと、外国の人たちはほめそやします。

女の子の中には小学校高学年からダイエットに目覚め、食事制限を始める子もいます。子どもの時に将来の骨格や内臓を作るたんぱく質やカルシウムを摂っておかないと、年を取ってから骨粗鬆《こつそしょうしょう》症になるリスクが高まりますが、そう言ってもピンとこないでしょうから、「たんぱく質とカルシウムを摂らないと身長が伸びないよ」「スタイルが悪くなるよ」と脅かすと効果があるかもしれません（睡眠も運動も身長を伸ばすためと言うと、子どもも真剣に行うようです）。皆、背は高くなりたいのです。

学習

次は学習です。小学生の頃は読み書きの基礎を身に付ける大事な時なので、しっかり紙の本を与えて読ませましょう。電子書籍では頭に入らないようです。また、私たちの世代の知らなかった新しい良質な児童書、ジュニア向けの本がたくさん出版されていますから、祖父母も一緒に読んで感想を語り合っても良いかもしれません。学校では段落を切ったり、熟語の意味を覚えさせたりと精読していますが、家庭では子どもが興味を持つ面白い本を、どんどん大量に早く読ませるのが良いと思います。

本を読まなくてもインターネットがあればどんな知識でも手に入るので、「人間はもう何も記憶しなくてもよい、計算もできなくてもよい」と極端な意見を言う人もいますが、そんな「新説」に惑わされることはありません。

最近はChatGPTのようなAIが何でも答えてくれるから自分で知識を持たなくてもよいという人もいますが、AIが出した答えを早く読んで理解するには、読解力を身に付けなければなりません。その力は、まさしく読書で養われます。漫画やアニメやインスタグラムも最近は進化していますが、画面に縛られないでもっと自由に創造力を羽ばたかせるには本が適しています。紙の本をたくさん読んでいる子は知識が多くなるだけでなく知能が高くなり、思考力、記憶力、創造力も増すという研究結果もあります。

数学は一つ一つの積み重ねです。中学生になっても分数の引き算や割り算ができないという子もいますが、学校の勉強をしっかり予習復習することが必要です。分数計算なんか自分でしなくても、PCやスマホの計算機能で答えがすぐに出るからよいというのは間違いです。どうしてその答えが導き出されるか納得するには、自分でやってみなければ腹落ちしません。将来理工系、情報系、社会科学系、どの分野を学ぶにしても、基本的な数学の仕組みを理解するのが不可欠です。

学校の予習復習や宿題を孫が自分で進んでやってくれればいいのですが、それをしない場合は、たとえ離れて住んでいても祖父母がＬＩＮＥやＳｋｙｐｅ、Ｚｏｏｍなどのビデオ通話で勉強をサポートするのもありです。

インターネット、スマホの制限

パソコンやインターネットは離れている相手とコミュニケーションできるツールなので、使いこなすと便利です。しかしインターネット空間にはいろんな情報があり、悪意ある人も多数います、子どもも自分の安全のために情報リテラシーを身に付ける必要性が増しています。

会ったことのない人には自分の本名や住所などの個人情報は軽々しく出さない、児童ポルノなどの被害者になりそうならすぐ家族に相談する、といった重要事項はしっかり伝えておきます。取り返しのつかない犠牲を払ってからでは遅すぎます。
ゲームも危険です。ゲームは面白がらせ、どんどん深入りして中毒化させ、逃げ出せないようにするいろいろな仕掛けや工夫が凝らされています。抵抗力や判断力が備わっていない学童期には禁止したいところですが、どうしてもというなら30分とか1時間とか、時間を限定する約束が不可欠です。自由にさせておいてはいけません。ゲームもアルコールと同じで、年齢が若いほど影響が大きくなるのです。

小学校高学年からはスマホを持たせる家庭も増えてきますが、子ども用の機種にしてメールなど機能を制限するようにしましょう。スマホは膨大なネット空間につながりますので、きちんとコントロールする必要があります。どんな危険が潜んでいるかわからない情報空間に、判断力が不十分なうちにアクセスできるようにするべきではありません。親が買ってくれないと祖父母にねだる孫もいますが、そこは断固として断り、親と連携しましょう。

放課後と休日

小学生になると働く母親が増えるので、放課後をどう過ごすかが課題になります。多くの地域では小学校やＮＰＯ、民間業者が放課後に子どもを預かるようになっています。特に低学年のうちは、そうした学童保育に通わせることが多いようです。もし近居していて可能なら、週に１日でも２日でも、祖父母の家に来るか、祖父母が出向くのも良いのではないかと思います。

学童保育はそれぞれ工夫を凝らしたプログラムを持っていますが、子どもの頃に自由に過ごせる時間を持たせてあげることも大事です。スケジュールに縛られず本を読んだり、虫の観察をしたり、工作をしたりと打ち込める時間を与えるために、祖父母も工夫しましょう。

孫が小学生の頃は、一緒にお出かけする良い時期です。もう自分で長い距離を歩きますし、駅の表示も読めます。重い荷物を持ってくれたり、お手洗いに行く間に荷物を見張っていてくれたりします。

平日の放課後に博物館、美術館、子ども向けのファミリーコンサートなどにも一緒に出かけると、子どもに新しい経験を与えるだけでなく、祖父母も新しい世界に触れることができ、良い体験となります。

孫の受験

小学校の高学年になると、東京とその周辺では中学受験の準備で塾通いする子どもが増えます。

私が子育てをしていた頃は学童保育はなかったので、高学年になると週に3回ほど大手の学習塾に通わせました。本人は楽しく通っていたようですが、真剣に勉強しなかったのでしょう、中学受験は見事に失敗して公立中学に通いました。

中学受験は失敗しても公立中学校に通えますし、大学受験も少子化の中で推薦入試

朝日新書

Asahi Shinsho

などが増え、偏差値でのランキングは意味を失い始めています。良い中学に進学しないと人生の失敗者と思い詰めることはまったくありません。

志望校は偏差値のランキングで決めるのではなく、その学校の教育方針や、その学校で自分が何を勉強したいのかが問われる時代になってきています。

親子が中学受験に燃えているときに、祖父母が水を浴びせて批判する必要はありませんが、一緒に熱くなるのではなく、少し距離を置いて見守るくらいでいいのではないでしょうか。受験に燃えているほかの子どもと比べて煽《あお》るのは厳禁です。

親が受験に熱心だけれども時間がない、塾の送り迎えをしてほしいと頼まれたら、祖父母側の塾通いや中学受験に関する意見はさておき、快く協力すべきです。批判していると、孫の教育から仲間はずれにされてしまいます。

思春期（中学生・高校生）の孫との向き合い方

むつかしいお年頃

かわいかった孫も10歳を過ぎると、いわゆる思春期、むつかしい年頃に入ります。中学受験が盛んなのは首都圏や関西圏など大都市だけで、多くの地方では高校進学の際に初めて入学試験に向き合います。小学校低学年の頃はそれほど明確でなかった学力の差、性格の差、好みの差も少しずつ明確になってきます。

子どもから青年に移行する思春期は本人も自分の変化に戸惑いますが、周囲もどう扱ったらよいかわからず、いろいろな摩擦、いさかいが生じます。

親や家族と一緒に行動するよりも友達と過ごすことを優先し、親には言わないことを友達には相談したりと、だんだん自分の世界を作り始める時期です。中でも一番身近な親に対して一番反抗しようとします。

今まで親の傘の下で守られていた状態から独立したいと願うのは自然なので、腹立たしいですが、受け入れなければなりません。親離れをせずいつまでも親に依存していては大人になれませんから、必要な通過儀礼です。

祖父母は少し距離があるのでそれほど反抗の対象にならないかもしれませんが、それでも「こうしなさい、ああしなさい」「これをしてはいけない、あれをしてはいけない」と言うと反発します。私の経験では「どうすればいいかしら?」「こうしたいけどできないので助けてくれる?」などと助けを求めたり教えを乞うようにしたりすると、言うことを聞いてくれることが多いです。

この際、自分ができることや得意なことなら手伝ってくれます。頼んだことが難しすぎて彼・彼女の手に負えないと自信を失ってしまうので、相手の力量を見極めて頼みましょう。若い子ならばすべてのデジタルに詳しい、すべての流行ファッションに詳しいわけではありません。若い子の平均値はそうでも、個人の得意なことはそれぞれ異なっているのは大人と同じです。

孫に得意な力を発揮する機会を与え、それに感謝する。それこそが、祖父母が中高生の孫と付き合うための基本的な心構えです。

もちろん祖父母が教えてあげられることもたくさんあります。孫たちは自分で思っているよりは経験が乏しく、世の中のこと、特に人間関係のルールなどを知りません。ただ、「挨拶をする、お世話になったらお礼を言う、相手の話を聞く」などの基本を教えて素直に聞いてくれるのは、せいぜい9歳ごろまでです。中高生になったらまあ大人のアドバイスは聞かないと諦めましょう。

それでもぜひ実行してほしい行動として、なぜそうするべきなのか理由を解説したり、意味合いを伝えたりすれば、言うことを聞いてくれることもあります。

ぼそぼそと小さい声でしか挨拶しない子に対して「年を取って耳が遠くなったから大きい声で言ってくれないと聞こえない」、「挨拶しないと軽んじられた、無視されたと内心気にする人が多いから、大きい声で相手に伝わるように挨拶しようね」といったように。

自分の失敗談を交えると良いかもしれません。「慌てて出発すると必ず忘れ物をするから、余裕を持つことが大事だよ。私は一度ホテルの部屋の金庫に大事なパスポートを忘れたことに気が付いて、必死で取りに戻ってぎりぎり飛行機に間に合った（本当の話です）」とか、「資料を作って、失敗作が一番偉い人のところに配られてしまって皆真っ青になったことがあるから、最後に確認するよう気を付けたほうが良いよ」とか。

私たちは若い世代に伝えたいことが山ほどあります。自分の経験を伝えたい、自分と同じ失敗はさせたくない、より良い人生を送ってもらいたいと思いますが、なかなか伝わりません。下手をすると反発されてしまいます。教えるのは大事だけれど、伝わる工夫をしないと伝わらないということです。面倒ですが、むつかしいお年頃なのです。

交友関係

この時期は親には言えない悩みを友達に相談することが増えます。大人から見たら未熟な危なっかしい友人でも、子どもは尊敬していたり、仲良くしたいと願ってそのアドバイスを素直に聞いたりします。親や大人の思慮あるアドバイスには反発するのに！

スクールカーストと言われるように、子どもたちの中では子どもたちなりの序列があります。スポーツがうまいとか、かっこいいとか、冗談がうまいとか、大人から見たら大したことがないことが重視され、序列がつきます。成績の良い優等生やしっかりした家庭に育った子どもより、すこしワルの不良めいたところがある子が人気があったりします。

私自身も小学生の高学年から中学生の頃にそうしたスクールカーストというか、友達の仲間に入れてもらえず、友達のいない時期もありました。今から思うと別に何ということもないのですが、友達がいないその時期は、仲間に入れてもらえないのはかなり寂しく、自分は人付き合いが下手なのだと、子どもなりに悩んでいました。

孫がスクールカーストの上位の子の言うことに従っているのは困ったことだと思いがちですが、「やめろ」と言っても聞きませんし、その子の批判をしても反発されるだけです。少し距離を置いて見守るしかありません。

できれば「学校とは別の世界もある」ということを体験させて視野を広げさせるといいかもしれませんが、必ず上手くいくとは限りません。それでも諦めずいろいろ試してみましょう。

好きな習い事や、学校以外のスポーツチームに参加するのも良いですし、予備校や塾が別の居場所を提供してくれることがあります。

これは私の個人的な意見ですが、日本の子どもたちは学校以外の居場所を持たないことが多く、家族や親族とのつながりも薄いのが問題だと思います。学校でのいじめが自殺につながってしまうのは、他に居場所がないことも一因です。地域のスポーツクラブやボーイスカウトのような団体活動など、もっと子どもの頃から多様な人とのつながりを持ち、学校以外の多様な場に居場所があったほうが良いと思います。しかし友達との出会いは「縁」が影響します。孫に何とか誠実でいい友人との出会いがあるように祈るのみです。

稀に、学校の外の不良グループと付き合うケースもあります。万引きなどの犯罪に巻き込まれたり、暴力を振るわれたり、お金を要求されたりしたらそれは黙っているべきではありません。どんなに嫌がっても断固として引き離すべきです。

なかなか外からはわからないことが多いのですが、「なんとなく最近変だな」と察したり、お金を欲しがったり、金遣いが荒くなったりしていないか、外出が多くなっていないかなど、気を付けて見てあげなければなりません。

巻き込まれそうな状況になったら必ず親か教師に相談するようにと、うるさがられても言っておきましょう。

異性との付き合い

異性の友達との付き合いは女の子が問題になることが多いようです。漫画やアニメやドラマの影響もあって、恋に恋する女の子は小学校の高学年から増えていきます。

これも成長の一過程と温かく見守れば良いのですが、親も祖父母もしっかりした判断力がつくまで男の子とは付き合ってほしくない、と思いがちです。

アメリカやオーストラリアの親たちは子どもが成長の過程で異性とデートする、その中で悩んだり苦しんだりしても仕方がないと思っています。好きな相手から思うように思ってもらえない、失恋する、けんか別れする、そうした経験が大人になる過程で不可欠と思っているようです。

性についても家庭や宗教によって違いますが、日本より寛容で、中には未婚の母（父）になる場合も稀にあります。それを防ぐためには性教育が必要と考えている親が多いです。異性と付き合ってもいいけれど、年齢が離れた相手、人間的に問題のある相手、暴力を振るう相手には注意が必要という基本は崩さないようにしている家庭が多いようです。

日本の場合、中高校生の異性との交際については勉強を優先すべきで、どんな相手でも一律に「悪いこと」「早すぎる」と思っている親が多くいます。祖父母はそう思い込むだけでなく、何が悪いのか、何が心配なのか、少し早めに機会を作って伝えておきましょう。

具体的な関係が生じる前のほうが、聞く耳を持っています。好きになってしまったら反対されれば反対されるほど、暴走してしまいます。

問題は、誘われたら「ノー」と言えない女の子がいまだに多いことです。それは性教育以前の問題です。今の時代でも、男性のほうが女性より強くて偉いと思い込んでいる子がいます。

自己中心的で勝手な行動をしたり、自分を見下して馬鹿にしたり、自分の意思を尊重してくれない男の子はどんなにカッコよくてもバツだということは、しっかり伝えておかねばなりません。自分に対してだけでなく、友達に対しても暴力を振るうような男の子に対して我慢してはいけない、嘘をつく男性は警戒する、いくらおごってくれても金遣いの荒い男の子は怪しいなどということも、しっかり伝えておく必要があります。

もちろん男の子にも、異性と付き合う時の心構えは伝えておきましょう。嘘をつく、約束を守らない、贅沢なプレゼントを欲しがるような女の子は、どんなに美人で話していて楽しくても、付き合うべき相手ではないということ。

それは男の子自身の女の子に対しての態度・行動にも当てはまります。自分の都合や好みを押し付けない、自分の言うことを素直に聞いてくれる女の子だけを求めてはいけない、相手をリスペクトし誠実に付き合わなければならないということを経験から伝えます。

誠実な異性を見分けるにはどうすればよいか、これは悩ましいけれど正解のない永遠の課題ですので、一緒に考えましょう。

きっとどんな社会でも、男の子も女の子も何度か痛い目にあって、自分なりに学んでいくのでしょう。祖父母は孫がその付き合いから致命的な被害を受けないように、温かく見守り、いざとなったら救い手をのばしましょう。

成人後（大学生・社会人）の孫との向き合い方

教育費を支援する

赤ちゃんだった頃や小学生だった頃のかわいい記憶が残っているうちに、孫はどんどん成長してあっという間に大学生になり、大人になります。

自分の子がそうであったように、孫も、子どもの時期より大人の時期のほうが長いのです。だから子や孫と、子どもの時期を一緒に過ごすことができる期間は、親や祖父母にとっては人生の貴重な時間なのだと今になると痛感します。

18歳になると法律の上では成人で選挙権も与えられますが、経済的にはまだ親に扶養されています。大学の授業料も親が払うのが普通です。最近は大学の授業料を祖父母が払う例も増えているようです。大学の入学式で祖父母の出席が増えているのは、その影響だろうと想像しています。

日本の賃金が上がらず親たちの所得が不安定な中で、祖父母の貯蓄や資産が頼りにされているのでしょう。確かな統計はありませんが、日本全体でも祖父母が孫の授業料を払っているケースはかなり高いと思われます。

私は祖父母の資産に余裕があれば、洋服やお出かけのための費用や自動車を買うお金を補助するよりも、授業料を出してあげたほうが良いと思っています。教育は将来への投資であり、孫の人生に役に立ちます。

親が経済的負担を恐れて進学させるのをためらっていたら、老後の資金を削ってでも出しましょう。「身に付いた教育は、どんな世の中になりどんな政府になろうと奪うことはできない」、これは歴史の荒波の中で生き抜いてきたユダヤの人たちの知恵です。

今の日本では大学の学部を卒業していれば社会に出るのに問題はないとされていま

すが、今後は大学院卒が当たり前になるかもしれません。ですから、孫が希望すれば応援しましょう。ただ、今の日本では、文科系の大学院の多くは大学教員や研究者の養成を目指していて将来の活躍の幅が狭くなります。どんな世の中でも必要とされるのは医者、看護師、科学者、これからは情報技術者でしょうか。その分野は大学院を出ていればより良い仕事に就けるチャンスが増えます。

私たちの世代は日本で働き日本で生活するのが大多数でしたが、孫の世代は外国で稼ぎ、日本で生活するのが一番良いライフスタイルになるかもしれません。外国語ができるだけでなく、外国で所得を得られるような専門的な職業能力を身に付ける教育が受けられれば最高です。

将来の相続にあたっても、孫たちに対しては不動産や株、現金で残すより、教育で残したほうが良いと私は信じています。先述のユダヤの知恵のように、本人の身に付いた教育はどんなに世の中が変化しても、一生その子の財産になります。教育費は親の責任だろうと言っていないで、全部でも、一部でも負担しましょう。

祖父母は授業料を出す以上、孫たちがきちんと勉強しているか、フォローしなければなりません。具体的には孫たちの学期ごとの成績表を見て、どんな内容の科目か説明を受けてほしいと思います。大学の成績なんて誰も気にしていない、大学で良い成績を取る勉強なんて無意味であると思わせてはいけません。

英語の検定、情報系の資格などもしっかり取るように勧め、受験料を出してあげましょう。資格を取るために専門学校にも並行して通う「ダブルスクール」の授業料を欲しがる場合もあるかもしれませんが、将来役に立つ資格なら応援しましょう。自動車の運転免許もこれからは不可欠です。免許を取ったらドライブやお出かけに連れていくよう約束して、費用を出してあげても良いと思います。

大学生に豊かな経験を

大学生は専攻によりますが、学生の約3分の2をしめる文科系の場合、自由になる時間が人生で一番たくさんあります。その時間をアルバイトに勤しんでいる学生が多数います。学習塾の講師、コンビニや宅配便の配達、居酒屋ほか末端の作業を担っています。

せっかくの若い時期の可能性に富む時間なのですから、もっといろいろな体験をし、様々な人と付き合う機会を意識的に作らなければもったいないです。

一方で、大学生たちは友達との付き合いだ、おしゃれだ、お出かけだ、ゼミ合宿だ、などといろいろな理由をつけてお金を欲しがります。それを授業以外の活動の必要経費だろうからと、小遣いとして与えるのではなく、アルバイト料として与えましょう。祖父母はATM（現金自動預け払い機）ではありません。

まずは祖父母の家の手伝いをしてもらいましょう。車の運転をしてお出かけをサポートしてもらう、掃除や買い物をする、重い物の運搬をする、電池や電球の交換をする、病院の付き添いなどをしてもらう。孫の手伝い活動には原則としてアルバイト料は払います。何曜日の何時から何時までと決めておくと予定が立ちやすいです。

こうしたアルバイトは孫の経験を豊かにします。このような経験は将来結婚して家庭生活を送るときにも、そして祖父母が介護を必要とするときにも役立ち、強い戦力になります。

孫の友達と食事をするのも良い経験です。そんなに高級店でなくても良いのです。彼らにとって少し高価な回転ずしやファミリーレストランのお店でおごってあげます。

特に自分からみんなが面白がるような話題を提供しなくても、みんなの話を聞いているだけで良いのです。同性の友達だけでなく、異性の友人も一緒に招きましょう。きっと彼・彼女は同世代の友人の前とは異なる面をあなたの孫に見せるので、人間観を深めます。

孫以外の若い世代と知り合う機会はあまりないので、こうした機会をぜひ活用しましょう。家で料理を作る元気があれば、家の食事に呼ぶのも良いです。地方から上京して一人暮らしをしている友達、留学生などは、お客様向けの特別感のある料理やパーティー料理を作らなくても、普通の家庭料理を喜んでくれるはずです。私は富山から上京して一人で暮らしていた頃、叔母の家で食事を食べさせてもらうのがとても楽しみでした。

お客を招くような大豪邸ではないと遠慮する必要はありません。普通の日本人の普通の食事でよいのです。家を片付けるのを孫に手伝ってもらって、玄関、食堂、お手洗いだけ片付ければよいのです。

特に留学生を招いて食事をするのはお勧めです。孫の大学で学んでいる留学生を連れてきてもらうのが良いのですが、そうでなくても大学の留学生センター、地域の国際交流協会のようなところに声をかけていると紹介してくれます。その席に孫たちにも声をかけて一緒に過ごすと、孫たちが国際人になるきっかけになるかもしれません。気が合えばホストファミリーになってあげてホームビジットを受け入れても楽しいです。

孫が大学生の時期は、旅行の適齢期でもあります。退職後に夫婦で旅行できる中高年カップルは良いのですが、どちらか一方が旅行をするのが嫌いだったりすると、一人ではなかなか旅行ができなくなります。

普段は友達とパック旅行に参加している私の友人が、一度孫の旅費を負担して一緒に旅行したらとても楽しかったと言っていました。日常では孫と一緒に過ごす時間がなかなか持てないので、とても良い経験だったそうです。特に海外旅行は印象に残るようです。

また、セカンドハウスを持っている祖父母は、休みの時に孫が来てくれるのが楽しみだと言っています。自分たちだけでなく、子どもや孫、友人たちが来てくれるとセカンドハウスを持つメリットが大きくなります。

故郷の実家を処分する前に、2、3年孫たちと夏を過ごしたのが良い思い出になったと言っている友人もいました。自分だけで親の住んでいた家を片付けるのは重労働で心の重い仕事ですが、次の世代の孫たちに手伝ってもらうとファミリーヒストリーを伝えるという副次的な効果もあり、なにより一人で片づけるよりも元気が出ます。

孫が一生懸命頑張っているスポーツの試合や音楽などの発表会に行ったり、コンテストの応援に行ったりすることなども、共通の話題づくりに役立ちます。枯れ木も山の賑わいで、応援はにぎやかで人数が多いほどうれしいものです。

孫がクラブの役割を果たしたり、新しい活動をするときは応援をし、自慢をすると、本人も自信がつきます。

家族で過ごす時間が十分持てなかった私たちの世代は引退してやっと孫と過ごす時間が持てるのですから、これを活用し、「家族が楽しく時間を共有するのはいいことだ」という価値観を広げていきたいものです。

就活

大学も後半になると、就活が始まります。大学生は勉強優先で就活なんかは二の次だろうと言いたいのですが、そこはご時世です。3年生の夏休みにはインターンや先輩訪問、企業研究が始まります。

残念ながら多くの大学生は現実の社会の仕組み、企業の活動、働くということの意味がわかっていません。テレビでCMを流していたり、コンビニに製品が並んでいる企業の名前は知っていても、BtoBと言われるような企業間の取引が中心の企業はどんなに大きな会社でも名前さえ知らないことがよくあります。ＮＰＯ・公益法人・株式会社の違いや、国家公務員と地方公務員の違い、上場している会社と上場していない会社の違い、オーナー企業とサラリーマン社長の会社の違い、本社採用とローカル採用の違いなど、大学生はほとんど知りません。

私の時代は女性に採用試験を受けさせない企業がほとんどだったので選択肢は限られていました（おかげで迷いが少なくて済みました）。今は選択肢が多いので迷いも多くなります。情報だけで把握しているものと現実の職場とでは違いがあるのだということは、常識として伝えておきましょう。具体的な就職活動に入る前に社会の現実を伝えるのは、祖父母の役割でもあるのです。

社会人になった孫

いつまでも子どもだと思っていた孫もあっという間に学業を終えて就職し、社会人になっていきます。就職までたどり着けず、不登校になったり学校を中退したりする若者が増えている中で、とにもかくにも学業を終え自分で収入を得るまでに育ったのは喜ぶべきことです。

給料はその多寡ではなく、社会から必要とされる仕事をしている証と喜びましょう。昔は子どもや孫の初月給のお給料袋を仏壇や神棚に供える家も珍しくありませんでした。今は銀行振り込みですのでありがたみがわかりにくくなりましたが、特別の食事などでお祝いするだけの価値があります。もう扶養される子どもではなく、一人前の大人だという何よりの証拠です。

もうお年玉をもらう立場でなく、お年玉をあげる立場なのです。祖父母としては、孫が初月給で親にどんなにささやかでも節目としてプレゼントするのを忘れないように、注意を喚起しておきましょう。

孫の就職した企業の名前は聞いたこともない、何をしている企業なのか想像もつかないという祖父母が多いのではないかと思います。前に述べたように、小学校に入学した子どもの3分の2は、その時には存在していなかった職業に就くと言われているくらいです。

一昔前、企業の寿命は30年と言われましたが、現在はそれよりもっと早いテンポで企業が合併したり吸収されたりしています。例えば20世紀には日本を代表する揺るぎのない企業と思われていた東芝は苦しみ、多くの銀行は統合したり破綻しました。どんな企業が就職先として良いかどうかの基準も変わってきています。

私たちの世代では、若い時に給料が安くても勤務を続けていれば昇給していくだろう、初任給や若い時の給料は仕事を教えてもらう授業料込みなのだと捉え、それより将来昇給・昇進するか、仕事が社会で役に立っているか、尊重されているかが重要と思って公務員になった人がたくさんいました。しかし、今は若いうちから高い給料を出してくれる企業、自分の能力を発揮できる職場、休みが取れて残業が少ない職場が良いと思われています。

祖父母はそうした価値観の変化を批判するのではなく、「どんな時代でも仕事との出会いが人を育てる」「なすべき仕事をきちんとやり遂げることで自分も自信がつくし、周囲から信頼される」「同僚と力を合わせることや、上司の言わんとすることを理解することが大切」といった不変の価値を伝えましょう。自分の経験、自分の仕事に対する考えを言葉で伝えると、孫は聞き逃しているように見えても、どこかで心に留めています。

孫たちがどんな仕事をしているか、うるさがられない程度に興味を持って聞きましょう。仕事の不満を祖父母に言う孫はあまりいないと思いますが、孫が不満をこぼすことがあれば聞き役に徹し、もし体を壊すほどのブラック企業や、社会規範にかかわる問題のある職場の場合は自分を守るように助言しましょう。

2、3年が経ち職場の様子がわかってくると、そのまま勤務を続けないで、転職する人も増えてきています。働き方についての考え方が変わってきているように、転職にかかわる考え方も変わってきています。

私はいつも若い人には「攻めの転職」と「守りの転職」があると言っています。より能力を発揮できる、より給料や権限が増える転職は攻めの転職です。そうした前向きの転職だけではなく、自分の心身の健康を守るためや、家族を支えるため、あるいは社会規範を守るために転職したほうが良い時もあります。忍耐、我慢だけが美徳ではなくなっています。でも嫌いな職場から逃げるための転職は勧めません。

人生にはいろいろな分野があります。「仕事」のほか、「家庭」、「コミュニティ」、そして「個人としての信念」の４つが大事だと言っているのはペンシルバニア大学教授のフリードマン博士です。

男性の場合は仕事の分野で成功し、生活できる収入を得て、能力を発揮するのは人生の目的のように思われてきました。しかし仕事だけでなく愛する人と結婚し、子どもを持ち、そして親や祖父母などの家族と信頼できる関係を築く。それだけでなく、自分の仲間（研究分野、地域社会活動、趣味活動）と居場所となるコミュニティを持ち、さらに個人としても正しいことをしている、世の中に役立っている、人を助けていると誇りを持つことが大事なのだということです。こうした考え方を大人になった孫に伝えましょう。

孫には仕事だけでなく、恋愛して結婚してほしい、幸せな家庭を築いてほしいと期待しがちです。個人の差も大きいので一概に言えませんが、最近は男女ともに、そのうちに結婚するにしても急ぐことはないと思っている若者が増えています。

祖父母としてはまだか、まだかと急かしたいところですが、そこは我慢です。良い出会いがあるようにひたすら祈るだけです。孫が社会人になるのを見届けることができた祖父母は、それだけでもう幸せ者です。

コラム　孫育て休暇

日経新聞2024年3月16日夕刊によれば、孫を持つ職員向けに「孫育て休暇」を導入する自治体が広がっているとのことです。背景には、地方公務員の定年延長で孫育てをする職員が増えているという現実があります。一昔前は「定年退職後に孫育て」というイメージがありましたが、最近は祖父母は現役で働いていながら孫育てに関わるようになっているからです。

娘や嫁が働いていると、祖父母の孫育てへの期待が高まります。子どもたちがなかなか結婚しない、結婚しても子どもを持たない風潮の中で孫が生まれるというのは、一家・一族あげての大イベントであり、みんなで応援する気運が高まってきているので「孫休暇」のニーズが強くなっていると思われます。

男性の育児休業の取得が推奨されるようになり、「出産・育児は母親の仕事」という考え方がかなり変化していることも、孫育て休暇への理解を促進し、追い風になっています。

一昔前は孫の育児のために祖母が退職するというケースもありましたが、それは祖母がパートなど不安定な仕事についている場合です。祖母の世代は非正規の仕事についている割合が圧倒的に高いので、退職しても失うものは少なかったのです。

しかし現在、正職員の公務員などはとても恵まれた立場にあります。勤続していればかなりの高給取りなので退職するのはもったいないと考え、できるだけ仕事と家族の世話を両立したいという祖父母は増えているのです。

子育ては母親、せいぜい父親も加わった核家族だけの責任と考えるのは、先にも述べたようにアメリカなどプロテスタント系の社会の特徴です。祖父母などの親族が協力して育児を支えるのは日本やアジアの古来の伝統です。孫育て休暇はその伝統に沿った制度と言えます。

たとえ孫育て休暇がない職場で働いていても、両親や祖父母、あるいは兄弟姉妹も子育てにかかわるというのが、日本の子育て環境を良くする現実的な対応なのではないでしょうか。公的施策、保育園の充実だけでは少子化対策は十分とは言えません。

働く親にとって保育所は子育ての心強い支え手ですが、それだけでは不十分です。子どもが幼い頃は風邪を引いたり、歯が痛んだりと、小さなトラブルはつきものです。

急な残業や出張が入った時に、愛情をもって子どもを見てくれる人がいることは、親にとってどんなに精神的ゆとりを与えるかわかりません。その役割を果たすのはもちろん近隣コミュニティでも友人でも良いのですが、日本やアジアにおいては親族がいまだに大きな役割を果たしています。親族によるサポートは今後も大事にしていく必要があると思います。

第4章

祖父母の「終活」
——次世代に残すべきもの

老いてゆく自分を見せる

孫と同居していない祖父母や、同居していても孫とともに過ごす時間が少ない祖父母はたくさんいます。特に子どもが思春期、青年期になると親とも一緒に行動したり、話をする時間は少なくなりますから、祖父母と一緒に過ごす時間はもっと少なくなります。

そうした中で祖父母は、もう孫たちが、自分とは別の世界で生きているように思って寂しくなりますが、孫たちは視野の端で祖父母がどのように暮らしているか、どのように働いているか、どのように死んでいくかを見ています。

高齢社会で社会全体に高齢者が増えていますが、私も20代で故郷を離れ東京に出て働いていた頃は、高齢者と接する機会は少なく、職業を引退した高齢者は別の世界で生きているように思っていました。全く話す機会もなく、高齢者個人個人の生活や生き方の違いには想像が及びませんでした。たまに帰省して両親と会うとだんだん白髪が増え、耳が遠くなるのを見て少しずつ年を取っているなと思いながらも、自分と高齢者の生きる世界は関係がないように思っていました。

その後、父が亡くなり、母が同居して育児を助けてくれるようになると、少しずつ老いていく母を身近で見ることになりました。耳が遠くなった、腕が回らなくなった、膝が痛い、子どもをおんぶできない、重いものが持てない、階段がのぼれない、歩くのが遅くなったなどと、母が体の不調を訴えても、年齢だから仕方がないと他人事のように思っていました。しかし自分が年を取っていくにつれ、自分と重ね合わせ、思い当たることが多くなりました。あの時に「母の老い」を見たことで、自分の将来と重ねられるようになったのです。

私の子どもたちにとっては、おばあちゃん（私の母）はもう若くなくできないことが多いのに、一生懸命自分たちの世話をしてくれる、いつも優しくしてくれる存在でした。横浜の郊外の集合住宅は核家族ばかりで、高齢者の姿はほとんどありませんでしたから、祖母と同居している子どももほとんどいませんでした。子どもたちと母のきずなは強く、私がオーストラリアに単身赴任するときも、母は富山に帰らず子どもたちとそのまま暮らしてくれました。

母と同居したことで、私の家族は『老い』を日常生活の中で受け入れることになったのでした。

同居していなくても時々会って定点観測と言いますか、元気だった人が少しずつ年を重ね、少しずつできないことが増え、白髪やしわが増えていくという変化を見るのは、自分が経験していない『高齢期』を生きていく手本になります。

「そういえば60代のおばあちゃんは荷物を持って階段をのぼっていたのに、80歳になった頃から自分だけでものぼるのがしんどくなった」、「上の娘の時はおんぶできていたのに、下の娘にはおんぶができなくなった」といったように、1年1年自分の未知の年齢を重ねていった親が手本になります。将来年を取るとどうなるのだろうと不安になるのですが、だんだんできないことが増えても92歳まで自立し、家族や周囲を愛し、支えようとしていた母の姿は、その中でかすかな光を与えてくれます。

死にゆく前にできること

私の父方、母方の祖父はどちらも私が生まれる前に亡くなっていたのですが、同居していた父方の祖母は私が6歳ぐらいの頃に亡くなりました。造り酒屋の主婦で8人の子どもを産み育て、婦人会の会長などもしていた強い祖母が、肝臓がんを患い半年ほどの自宅療養の末、自宅で亡くなりました。

幼かった当時の私は「死」とは何かわからないなりに、多くの人が泣いていたのを記憶し、何か大変なことが起きたというのは理解できました。多くの人が集まり、そしてお葬式が行われました。祖母が亡くなった後は両親や私たちの暮らしも変わり、改めてその影響力の大きさを実感しました。亡くなった後もおばあちゃんと似ていると言われたり、祖母が「この子は賢い」、「かわいげがある」とほめていたと人づてに聞くとうれしかった記憶があります。

母方の祖母は私が東京で学生生活を送っていた19歳の頃に亡くなりました。同居していなかったこともあり、父方の祖母のようにはエピソードが多くありませんが、穏やかな女性でいつも優しく親切だったことを思い出します。

長年の友人、職場の上司など、身近な人の死は人生に大きなインパクトを与えますが、なかなか臨終に立ち会うことはありません。祖父母の臨終に立ち会えるというのは得難い体験です。いろいろ事情はあるにしても、孫たちにもできるだけ臨終に立ち会う体験をさせ、生と死を考えさせたいものです。

祖父母が亡くなった後も残された孫や子どもの人生は続き、いつの間にか忘れられていきます。それでも折に触れおばあちゃんが好きだった食べ物、本、品物を思い出して話題にすると、その時は亡くなった人もよみがえります。そしてどんなことを言っていた、どんな行動をしていたという記憶が自分の心や行動にも影響を残していると実感するときがあります。

ぜひ孫に「愛語」を残していきましょう。孫の親切に感謝する、孫の頑張りを認めて励ます、長所を指摘する、などなどです。遺言などと張り切らなくても、何かメモや手紙にしておくとよいかもしれません。

自分の生き方や考え方や功績などを、自分史として残しておきたいと願う人もいます。一番読んでほしい読者は孫でしょう。あるいは人生の経験から学んだ知恵や教訓を伝えたいと願う人もいます。それも良いですが、ぜひ直接、心に響く愛にあふれた言葉を残してください。おそらく財産やお金よりも、孫たちの将来の光になるのではないかと思います。

次世代に責任を持つ

河井酔茗《すいめい》という明治時代の詩人が「ゆづり葉」という詩を残しています。

「（前略）
子供たちよ。
お前たちは何を欲しがらないでも
凡《すべ》てのものがお前たちに譲られるのです。
太陽の廻《めぐ》るかぎり
譲られるものは絶《た》えません。

輝ける大都会も
そつくりお前たちが譲り受けるのです。
読みきれないほどの書物も
みんなお前たちの手に受取るのです。
幸福なる子供たちよ
お前たちの手はまだ小さいけれど——。

世のお父さん、お母さんたちは
何一つ持つてゆかない。
みんなお前たちに譲つてゆくために
いのちあるもの、よいもの、美しいものを
一生懸命に造つてゐます。
（後略）」
という詩です。この詩のお父さん、お母さんという言葉は、おじいさん、おばあさん、あるいは大人たち、という言葉に置き換えることができます。私たち大人が営々と作り上げてきたこの国、この社会、この地球上のすべてのものを、次の世代に残していくのです。

こう言うと、持続できないほどの環境破壊、核兵器や戦争対立、多すぎる人口などを次の世代に残すのかと批判されそうですが、それでも私たちは「良かれ」と思って一生懸命働いて、この文明を作り持続させるのに貢献してきました。

一人一人は大した財産を残さなくても、歴史に残るほどの功績を上げることはできなくても、全体として私たちがこの社会をつくり、次の世代に残していくのです。

もちろんこの文明も永続することはなく、時期はわかりませんが、そのうちに衰退し、消滅していくでしょう。もう50億年もすれば、地球や太陽系も滅ぶかもしれません。般若心経で言うところの「色即是空《しきそくぜくう》、空即是色《くうそくぜしき》」です。物質的な栄華はすべて移ろい、久しくとどまることはないと達観して、執着してはならないことはよくわかっています。それでも私たち凡人は少しでも子や孫に、家やお金や教育を、そして思い出を残しておきたいと望みます。

それは煩悩ではありますが、生きるモチベーションにもなっています。宗教の影響の小さい日本社会では、「次世代に責任を持つ」というのが一番の生きる目的となるのではないでしょうか。

相続の品格

高齢社会になり、またある程度の財産を持つ人が増えるにつれて、「遺産相続」に関心が集まっています。シンガポールのように相続税がない国もいくつかありますが、日本では同世代の配偶者への相続は優遇されます。しかし、子や孫のような次世代に残す場合は高率の相続税が課されます。また残された親族が相続をめぐって争うケースも増えています。相続は〝争族〟と言われるゆえんです。

私たちの心情には先ほど触れたように世の中は「色即是空、空即是色」なのだから、お金や権力には執着してはならないとする気分があります。また、西郷隆盛の「子孫のために美田を買わず」という言葉に共感する人も多くいるでしょう。また自分の持っている財産はたかが知れた額で富裕層とは程遠く、遺言を残すほどではないという思いもあります。そのためまだまだ遺言を残し相続に備える人は少なく、トラブルを残すことになりがちです。

美田を残さないといった美徳は大事にするとしても、その一方で具体的にどう自分のものを配分し、次の世代に何を残していくか、その判断と伝え方は現代の高齢者のたしなみの一つです。

絶対に必要なのは、遺言を書くことです。「みんなありがとう、あとはみなで仲良く暮らしてくれ」というメッセージを伝える遺言ではなく、自分の持っている不動産や金融資産などを誰にどのように残していくかの意思表明の遺言です。

その前提としては自分の不動産や株式、投資信託、生命保険がいくらなのか、把握しておくことです。稀ではありますが、宝石や美術品のように価値のある「もの」もあります。

そうした財産の価値は毎年変動しますし、詳しい価格はわからなくても結構です。

でも、どの銀行や証券会社のどの支店で口座番号はどうなっているか、印鑑はどれか、暗証番号は何か、生命保険証書はどこにあるか、不動産の権利書はどこにあるか、1年に1回ぐらいは確認しておきましょう。誕生日にチェックすることにしておくといいですね。

そのうえで60歳か70歳か80歳か、あるいは大きな病気をした時などの節目に遺言状を作成する人が多いようです。まだまだ元気だからそのうちに作ろうなどと思っていてはずるずる日が過ぎてしまうので、まだ早すぎると思う時期に作成するというのが鉄則です。

正式には公証役場で公証人立ち会いの下で形式にのっとった遺言状を作成するのが一番確実ですが、今は信託銀行なども対応してくれます。自分だけで自筆で書いている人もいますが、遺留分などを考慮していないなどの問題もありますので専門家に相談していろいろアドバイスをもらうべきです。

孫たちも養子にして相続人を増やすとか、子どもから孫に相続する際の相続税を少なくするよう孫たちには不動産、子どもには現金を残すなど、いろいろな対応策があるようですので、詳しいことは専門家に相談してください。

私自身は、子どもや孫にはお金を残すより教育を残すべきだと思っています。先述したように、子どもには「釣った魚を与えるのではなく、魚の釣り方を教える」という言葉があります。孫たちには魚の釣り方=仕事をする力や社会で生きていく力を伝えたいと思います。

私はできれば一生稼げる専門的な資格を取らせたいと思うのですが、人によっては起業を応援する、ビジネスをサポートする、人脈を紹介するのが、「魚の釣り方」を教えることだと考える人もいます。人によって「できること」「残したいもの」は異なっています。

遺産よりも大事な「支出」

死んだ後に財産を残す場合、争いの種にならないように遺言を準備するのは祖父母のたしなみですが、本当は生きているときにお金を生かして使うのが一番です。亡くなった時には大きな財産は残らないようお金を上手に使いましょう。

高齢期が長くなっているので生活の不安、介護の不安に備えるためにお金を貯めなければと考える高齢者が多いのですが、私はそうは思いません。お金は必要最低限は蓄えなければなりませんが、必要経費はしっかり支出し、もっと生活を充実させるために使うほうを優先すべきだと思います。

暑い時はクーラーをつけて熱中症にならないようにする、同窓会や趣味の会に出席するための会費や交通費は惜しまない、荷物があったり疲れているときはタクシーに乗る、こうしたお金は必要経費として支出しても良いと思います。無駄遣い、浪費はしてはいけませんが、生活に必要なお金は出し、幸せな時間を手に入れるお金を惜しまないようにしましょう。

中でも孫と一緒に旅行する、一緒に食事をする、頑張った時にご褒美をあげる、というお金の使い方は、孫にとっても祖父母にとっても良い時間、良い思い出をもたらすのではないでしょうか。そのほうが祖父母が死んだときに孫に相続させるお金を残すより、よほど良いと思います。お金をあげて孫だけが(友人と)旅行するのではなく、祖父母と一緒に旅行し、話をし、年取った人のサポートをする経験をさせましょう。

孫にお金をあげるのは自制しなければなりません。つい頼まれると出してあげようという気になるのですが、孫の欲しがるものをどんどん買ってあげるのは、前にも述べたように本人の成長に良い影響を与えません。たまに買ってあげる場合も、高価なアクセサリーや着物などは孫の好みと合うかどうかわかりませんから、やめておきましょう。

例外は教育費です。

孫の教育はもちろんその親の責任ですが、教育費については祖父母がサポートしてもよいと思います。大学の授業料、専門学校の授業料など年々高くなっているので、祖父母が援助するのは意味があります。教育は孫の無形資産として、一生役に立ちます。

昭和女子大学でも入学式や卒業式にたくさん祖父母が見えていますので、授業料を応援されている方も多いのではないかと思います。私たち大学人は、そうした祖父母や保護者の期待に応えるように最善を尽くさなければならないと思っています。

普通の教育でなく音楽やスポーツなど特別な才能を持つ子どもの教育も、親と家族の大変大きなサポートを必要とします。及ばずながらも応援しましょう。少なくとも「この子にそんなに才能があるのかね」などと水を差すことはNGです。そして孫が頑張った末に志を得ず上手くいかなかったら、黙って温かく迎えてあげましょう。

何より大事なのは「生き方」を残すこと

私は祖父母が孫に残すべきは、お金や物ではなく、自分たちの生き方、老い方だと思っています。

この本を書くにあたって私の一番年長の孫に、私に対する評価を求めました。もう大学生で一緒に過ごす時間はあまりないのですが、それなりに良い評価をくれました。「自分の知らないことをたくさん教えてくれるところが好き」「旅行に行くと世界史や現代社会の出来事と結び付けて話してくれる」と言ってくれています。彼女は理科系であまり歴史や文学に興味がないのに、私ばかり話していては嫌われるかなと思っていましたが、面白がってはくれなくても関心は持ってくれていたようです。

「祖母が現在も仕事に向き合っている様子を見て、私も頑張ろうという意欲につながっています」「祖母が、女性が活躍することの意義、学び続けることの大切さを話してくれたのが自分の考え方を作るうえで参考になりました」と言ってくれるのを見ると、自分の理念が次の次の若い世代にも受け継がれていると感じて、幸せな気持ちになりました。

モノやお金より、自分の仕事・生き方・考え方を孫に伝えることが大事です。彼女は私がいつも忙しがっているので、もう少しゆっくりしたほうが良いとも苦言を呈しています。

おそらく多くの孫たちは、親より少し遠い存在である祖父母の生き方、考え方に無関心というわけでなく、ほかの活動に紛れているので、あまり興味がないように見えるだけなのです。話してみてすぐには反応がなくても、私は機会があればできるだけ自分の仕事、好きなこと、考えてきたことを孫たちに伝えたいと思います。

きっとそれは聞き過ごされるだけに見えますが、心のどこかに引っかかっていると信じたいと思います。もしかしたら祖母はこういうことを言っていたと思い出してくれるかもしれません。

最後は祈り

赤ちゃんだった子どもが結婚し、親になるというのは、考えてみれば不思議な偶然の積み重ねです。

自分の人生を振り返ってみても、深刻な病気で死ななかった、交通事故や自然災害に遭わないで生き延びた、いい友人、尊敬できる友人に会えた、学校を卒業して就職できた、働き続けることができた、結婚して子どもに恵まれた、立派な上司や後輩と巡り合うことができたなどと、数え上げればいろいろな偶然の幸運に助けられて生きてきました。ここまで生きてこられたのはラッキーだったなと思わないではいられませんが、一方でこれが自分の望んだ人生だったのかという一抹の疑問、不満もないではありません。望んだけれどできなかったこと、努力が報われなかったこと、悔しく残念な思いをしたこともたくさんあります。

上を見ればきりがないと言いますが、自分の思う通りに生きて計画通りの人生を生きる人などいません。いたとしてもほんのほんの一握りの例外的な人です。多くの人は私と同じ想定外の人生を生きています。

誰と出会い、どういう子どもが生まれるか、その子が病気にも事故にも遭わず成人することや良い友人に恵まれること、自分としてはできるだけのことをしてあげたいと思っていても、本人さえままならない人生です。祖父母や周囲ができることは限られています。

自らの子育ての過程を振り返ってみても、子どもが期待したような優れた才能も魅力的な性格も持たないので怒ったり、がっかりしたりしながら、必死に取り組み、「まあこれで良しとしなければならない」という心境に達しました。

孫たちも、親や祖父母にたくさんの夢を与えてくれた赤ちゃんや幼児の時期をあっという間に生き急いで、元気な子ども時代、そして不安定な青少年期を過ごして大人になっていきます。私も自分に余裕のなかった長女の子育ての頃は「早く大きくなってほしい」と思い、その時々のかわいさを十分味わうことができませんでした。今になるともったいないことをしたなと思います。

私だけでなく多くの親は子育て真っ最中の頃は、「やらなければならないこと」に追いまくられ、「ちゃんとした子に育てなければ」という責任感に押しつぶされて、子どもの愛らしさ、命の輝きを十分味わえなかったのではないかと思います。孫が子と一番違うのはそこですね。

祖父母になって孫を見ると、責任も義務としてやらなければならないことも少なくなっていますので、気持ちに余裕ができています。赤ん坊の孫が身体中を使って精一杯泣いているのも、「泣きやませなければ」とは思わずいじらしいと感じます。ようやく立てた、歩けたと成長しているのも、大きい制服を着て緊張しているのも、どれもこれもかわいく見えます。そしてそうした孫の存在、孫がいてくれることを全面的に感謝し、受け入れる祖父母がいるというのは、孫にとっても基本はうれしいことだと思います。

ただ、それを感謝だけでとどめておかないで「こうしてほしい」「ああすべきだ」と自分の意見を押し付けると、彼らにとって祖父母の存在は重荷になります。何度も繰り返しますが、ありのままの孫——知能も、性格も、容貌も、運動能力も、理想とかけ離れていても——を受け入れるのが、良い祖父母になる基本中の基本です。

そのうえで自分ができること（世話する・伝える・教えることなど）をできる範囲で行うのです。残念なことに、良かれと思ってしていることでもうるさい、面倒だ、もう古い、と感謝するどころか、反発されることもあります。特に孫が10代の頃は、その傾向があります。

その場合は深追いせず、「しようがないね」とやり過ごすことです。相手が望んでいないのに無理に世話したり、教えたり、伝えたりしなくてよいのです。自分は嫌われている、馬鹿にされている、尊重されないと深刻に受け取ることはないのです。相手が未熟であなたの良さが受け取れない時期と割り切り、そっとやり過ごしましょう。

そうしたうまくいかない時期に「もう自分は必要とされていないのだから、孫の世話なんてするものか」、「孫なんて他人と同じで自分で勝手にすればよい」、などと短絡的に関係を断捨離しないことです。断捨離したほうがせいせいするかもしれませんが、孫との関係は断捨離するにはもったいない宝です。

そうした時期には精神的にも時間的にも少し距離を取り、離れたところから見守りましょう。

助けを必要としない孫に対して祖父母ができることは「祈る」だけです。特に成人した孫に対しては、親も祖父母も他者ができることは少ないのです。恋人とうまくいくか、配偶者と信頼関係を作るか、良い仕事に出会うか、すべて大事なことは本人任せ、運任せにならざるを得ません。

何もできないので、病気や事故に遭わないように、良い出会いに恵まれますように、良い仕事に出会えますように、幸せに過ごしてくれますように、と心を込めて祈るしかありません。そうした祖父母の祈りが、孫たちをどこかで支えると信じたいと思います。

おわりに

最後までこの本を読んでいただきありがとうございます。ご感想はいかがでしょうか。

祖父母としてできること、やるべきことがたくさんあるという私の思いが伝わるよう書き連ねました。

孫たちはどんどん成長していきます。

生まれたばかりの赤ちゃんの時期、天使のような乳幼児期はあっという間に過ぎて、小学校から中学、高校と進み大人になっていきます。いつの間にか祖父母の知らない言葉や新しい知識・スキルを使いこなし、新しい自分の世界を広げていきます。

そうした孫たちに、祖父母は「どう接するのが良いかわからない」「自分はもう古い時代の人間だから何も教えることはできない」「新しい時代を生きる孫たちを遠くから見ているだけ」と考える祖父母もたくさんいるのではないでしょうか。

しかし私は、知識やスキルはどんどん変わっていくけれど、祖父母ができることは多いのではないかと信じています。本文でも紹介した「おばあちゃん仮説」のように、子育てに忙しい若い母親を助けるおばあちゃんの存在が、子育ての負担を軽減し、前の世代の得た知恵を伝え、人類の繁栄をもたらしたといわれています。

直接子育てを支援するだけでなく、祖父母は「不易の価値」、すなわち人間として守るべき基本的な倫理や、普遍的な価値を伝えることができます。倫理や普遍的な価値などというと堅苦しいですが、うそをつかない（ごまかさない）、周りの人を傷つけない、悪意を持たず協力し合う、困っている人を助ける、健康を大事にする、自分の欲望をコントロールする、責任をもって最後までやり遂げる、などといった昔から人間が尊重してきたマナーやルールです。

欧米ではキリスト教、中東ではイスラム教のような宗教が、そうした隣人愛や正義感などの倫理を若い世代に伝えるうえで大きな役割を果たしていました（欧米ではかつてに比べキリスト教の影響力は衰えています）。

日本では、家族や学校や地域社会がそうした教えを伝えてきました。しかし日本でも家族が小さくなり、両親とも家庭を離れて働き、子どもと過ごす時間が少なくなっています。叔父、叔母、いとこのような親族との交流も少なくなり、近隣との交流も希薄になっています。

そのため両親だけが、過大な子育ての責任と負担を担っています。経済的負担だけでなく、こうした心理的・時間的負担が若い人に子供を持つのをためらわせている一因ではないかと思います。

その中で祖父母はまだ親や孫を支援できる立場にあり、親や孫を支援する力があるのではないかという思いから、この本を書きました。子どもが生まれて育つ過程では、様々な喜びと面倒、苦しみがあります。それでも喜びは母親だけでなく、父親、祖父母と共有することで何倍にもなり、苦しみや負担は軽くなります。

そして祖父母は長い人生を生きて初めて分かったこと、気が付いたこと、人生を生きていくうえで不可欠な知恵を伝えることができます。さらに人間として欠かせない基本的な倫理やマナーを教えることによって、孫をまともな大人になるのを助けることができます。それが結果として、この社会の次の世代の資質を向上させ、新しい文化を開いていけるのではないかと期待しています。この本が少しでも孫との関係をよくしたい、孫の成長を助けたいと願う祖父母の方々のお役に立てば幸いです。

この本の執筆を勧めてくださった朝日新聞出版の飯塚大和さん、そしていつも私の公私の活動を助けてくださっている川崎由香里さんに心から御礼を申し上げます。このお二人の支えがなければこの本は生まれませんでした。

2025年　新春

坂東眞理子 ばんどう・まりこ
1946年生まれ。東京大学卒業後、総理府（現内閣府）に入府。埼玉県副知事・ブリスベン総領事・内閣府初代男女共同参画局長などを歴任。2004年から昭和女子大学教授。学長、理事長などを経て、2016年から総長を務める。著書に320万部を超えるベストセラー『女性の品格』ほか『親の品格』など多数。

朝日新書
989
祖《そ》父《ふ》母《ぼ》の品《ひん》格《かく》
孫を持つすべての人へ

2025年２月28日第１刷発行

著　者　坂東眞理子

発行者　宇都宮健太朗
カバーデザイン　アンスガー・フォルマー　田嶋佳子
印刷所　TOPPANクロレ株式会社
発行所　朝日新聞出版
〒104-8011　東京都中央区築地5-3-2
電話　03-5541-8832（編集）
03-5540-7793（販売）
©2025 Bando Mariko
Published in Japan by Asahi Shimbun Publications Inc.
ISBN 978-4-02-295303-2
定価はカバーに表示してあります。

落丁・乱丁の場合は弊社業務部(電話03-5540-7800)へご連絡ください。
送料弊社負担にてお取り替えいたします。

朝日新書

宗教と政治の戦後史
統一教会・日本会議・創価学会の研究

櫻井義秀

安倍派と蜜月の統一教会、悲願の改憲をめざす日本会議、自民党とともに政権を握る公明党＝創価学会。草の根的な活動から始まった〝3大団体〟はいかに政界に近づき、社会を動かし、日本の姿をゆがめてきたのか。戦後政治史上最大のタブーに、第一人者が鋭く迫る。

デジタル脳クライシス
AI時代をどう生きるか

酒井邦嘉

デジタル機器への依存がもたらす脳への悪影響は、AIの登場でますます高まっている。「手書きの場合とタブレット入力後の脳活動の差」「見開き提示による選択的注意や共感度の差」など、脳科学の研究成果に基づき、AIを規制し読書を取り戻す必要性を説く。

「黒塗り公文書」の闇を暴く

日向咲嗣

モリカケなどの重大事件で注目を集めた黒塗り公文書だが、実は、地方自治体レベルでも日常的に黒塗りは行われている。市民が開示を求めた情報をどうして行政は黒塗りにするのか、黒塗りが許される理由は何か。黒塗りで隠された官民連携の闇に迫る。

戦国時代を変えた合戦と城
桶狭間合戦から大坂の陣まで

千田嘉博／著
平山　優／著
鮎川哲也／構成

浜松城、長篠城、小牧城、駿府城、江戸城、大坂城──歴史を変えた合戦の舞台となった城で何がわかってきたのか。研究を牽引する二人が城の見どころを熱く語り、通説を徹底検証。信玄、信長、家康、秀吉ら武将の戦術と苦悩を城から読み解く。

朝日新書

死の瞬間
人はなぜ好奇心を抱くのか

春日武彦

人はなぜ最大の禁忌〝死〟に魅了されるのか？その鍵は「グロテスク」「呪詛」「根源的な不快感」にある。精神科医である著者が、崇高でありつつも卑俗な魅力を放つ〝死〟にひかれてしまう複雑な心理を、小説や映画の読解を交えて分析。

限界の国立大学
法人化20年、何が最高学府を劣化させるのか？

朝日新聞「国立大の悲鳴」取材班

国立大学が法人化されて20年。この転換とその後の政策は大学にどんな影響を及ぼしたのか。朝日新聞が実施した学長と教職員へのアンケートに寄せられたのは悲鳴に近い声だった。東大の学費値上げの背景など国立大学で起きている真相に迫る。

遺伝子はなぜ不公平なのか？

稲垣栄洋

なんの結果も出せないとき、自分の努力不足や能力のなさを呪ってはいけない。それは全部遺伝子のせいだ。あなたの存在は、進化の過程で生き残ってきた優秀な遺伝子にほかならない。懸命に生きるあなたへ贈る、植物学者からの渾身の努力論。

底が抜けた国
自浄能力を失った日本は再生できるのか?

山崎雅弘

専守防衛を放棄して戦争を引き寄せる政府、悪人が処罰されない社会、「番人」の仕事をやめたメディア、不条理に従い続ける国民。自浄能力が働いていない「底が抜けた」現代日本社会の病理を、各種の事実やデータを駆使して徹底的に検証!

蔦屋重三郎と吉原
蔦重と不屈の男たち、そして吉原遊廓の真実

河合 敦

蔦重は吉原を基点に、黄表紙や人情本、浮世絵など次々と大ヒットを生み出した。いっぽう幕府による弾圧にもめげず、歌麿や写楽に大首絵を描かせたり、政治風刺の黄表紙を出版するなど、反骨精神あふれる蔦重の生涯を天才絵師・戯作者たちと共に描く。

脳を活かす英会話
スタンフォード博士が教える超速英語学習法

星 友啓

世界の英語の99・9%はナマッている。だからこそ脳の欲求の赴くままに自分なりの英語で世界と遊べ! 脳科学や心理学、AI時代のアイテムを駆使して、コスパ良く楽しくネイティブと話せる術をスタンフォード・オンラインハイスクール校長が伝授。

子どもをうまく愛せない親たち
発達障害のある親の子育て支援の現場から

橋本和明

「子どもには愛情を」。児童相談所の一言が、なぜ虐待を加速させたのか? 発達障害のある親は育児で大変な苦労をすることがある。虐待やネグレクトが起きてしまう実態と対策を、豊富な実例とともに紹介。子育ては愛情ではなく技術である。

ほったらかし快老術
90歳現役医師が実践する

折茂 肇

元東大教授の90歳現役医師が自身の経験を交えながら、快い老い方を紹介する一冊。たいていのことはほったらかしでよく、大切なのは生きがいと骨。落ち目同士で群れない、手抜きしないでオシャレをする…など10の健康の秘訣を掲載。

朝日新書

数字じゃ、野球はわからない

工藤公康

昭和から令和、野球はどこまで進化したのか？「優勝請負人」工藤公康が、データと最新理論にとらわれた野球界を総点検！さらに自身の経験をもとに、いつまでも色あせない〝野球の魅力〟も紹介。新参からマニアまで、ファン必読の野球観戦バイブル。

老化負債
臓器の寿命はこうして決まる

伊藤　裕

生きていれば日々損傷されるDNA。加齢に伴い修復能力が落ちると、損傷は蓄積していく。これが老化だ。ただ、この「負債」は「返済」できる！　心身の老化のメカニズムから気付き方、自分でできる画期的な「若返り」法までを徹底解説する。

節約を楽しむ
あえて今、現金主義の理由

林　望

キャッシュレスなんて、まっぴらだ！　お金のあれこれを人任せにしない。自分の頭でしっかり考えたい。だから、ベストセラー『節約の王道』著者は、あえて今、現金主義を貫く。キャッシュレス生活・ポイ活の怖さを指摘し、安全確実な「令和の節約術」を公開！

なぜ今、労働組合なのか
働く場所を整えるために必要なこと

藤崎麻里

2024年春闘の賃上げ率は5%台で33年ぶりの高水準となったが、広がる格差、実質賃金に追いつかない賃上げなど課題は山積。若い世代や非正規雇用など労働組合とつながらない人も多い。一方、欧米では労組回帰の動きもある。労組に今、何ができるのか。

遊行期《ゆぎょうき》
オレたちはどうボケるか

五木寛之

加齢と折り合いをつけてどう生きるか。92歳の作家が、人生を四つに分けるインドの最後の住期「遊行期」という平穏な時に身をおいて考える。「老い」や「ボケ」を受け入れながら、人生100年を生き切るための明るい「修養」、そして執筆活動の根源を明かす。

朝日新書

ルポ 大阪・関西万博の深層
迷走する維新政治

朝日新聞取材班

2025年4月、大阪・関西万博が始まるが、その実態は会場建設費が2度も上ぶれし、パビリオンの建設が遅れるなど、問題が噴出し続けた。なぜ大阪維新の会は開催にこだわるのか。朝日新聞の取材班が万博の深層に迫る。

祖父母の品格
孫を持つすべての人へ

坂東眞理子

令和の孫育てに、昭和の常識は通用しない。良識ある祖父母として、孫や嫁夫婦とどう向き合ったらいいのか? ベストセラー『女性の品格』『親の品格』著者が満を持して執筆した、祖父母が知っておくべき30の心得。

逆説の古典
着想を転換する思想哲学50選

大澤真幸

自明で当たり前に見えるものは錯覚である。事物の本質を古典は与えてくれる。『資本論』『意識と本質』『贈与論』『アメリカのデモクラシー』『存在と時間』『善の研究』『不完全性定理』『君主論』『野生の思考』など人文社会系の中で最も重要な50冊をレビュー。

世界を変えたスパイたち
ソ連崩壊とプーチン報復の真相

春名幹男

東西冷戦の終結からウクライナ侵攻までの30年余、歴史を揺るがす事件の舞台裏には常に、世界各地に網を張るスパイたちの存在があった──。彼らは、どのような戦略に基づいて数々の工作を仕掛けたのか。機密文書や証言から、その隠された真相に迫る。